AF613950

ADVERTISSEMENT SVR L'HISTOIRE DE LA MONARCHIE FRANCOISE

Par C. SOREL

A PARIS,
Chez CLAVDE MORLOT, ruë des Amandiers au Soleil.

M. D. C. XXVIII.

ADVERTISSEMENT SUR L'HISTOIRE DE LA MONARCHIE FRANÇOISE.

E me suis autrefois estonné de voir le peu d'estat que l'on fait de l'Histoire de France, en son païs propre. Les hommes de lettres sçauent mieux le nombre des Consuls ou des Empereurs de

Rome, que celuy de nos Roys: Ceux qui parlent en public citent plustost vne Histoire estrangere qu'vne domestique, & les Courtisans liront plustost le moindre Romã qui se treuue, que les faits d'armes de nos anciẽs Capitaines. Cela m'a rendu curieux de considerer s'il ne s'est rien passé en nostre Monarchie qui soit digne de remarque, & ie n'ay rien veu ailleurs qui le fust dauantage. I'ay pensé que les choses qui viennent de loin sont quelquefois plus estimées que celles qui naissent parmy nous; mais pour dire la verité puis que n'ayans point esté presens aux actions du Roy Merouée non plus qu'à celles de l'Empereur Valentinian, elles nous sont aussi nouuelles les vnes que les autres, il semble que tout ce qui ne s'est point passé en nostre siecle soit pour nous en esgale distance. Outre cela ie me suis souuenu que les affaires de nostre nation ne sont point mesprisables, quand l'on accorderoit qu'elles ne sont pas assez esloignees, & que si le temps les recule, le lieu les tient tousjours proches de nous; car bien que les fruicts & les fleurs que le luxe & la volupté ont fait venir icy des extremitez du mõde soyẽt dans l'estime de quelques personnes, l'on ne laisse pas de se seruir encore de tout ce que nostre terre produit, & il n'y en a pas trop de reste pour le peuple. L'on se passe aysement d'vne chose qui ne sert qu'à entretenir nos delices, mais il n'y a personne qui ne recherche ce qui est reconnu pour nostre meilleure nourriture, tellement qu'il faut conclurre que si l'on desire dauantage ce qui viēt de loin, que ce qui vient de prez, cette erreur ne se monstre que dans les choses indifferentes, & non pas dans les necessaires. Si vn homme auoit plus d'enuie d'aprendre quel fut le commencement de la Republique de Rome, que d'aprendre quel fut celuy de nostre Monarchie, ie trouuerois cela aussi estrange que s'il aymoit mieux sçauoir qui estoit l'ayeul de quelque homme qu'il n'auroit veu qu'vne fois, que de sçauoir qui estoit le sien propre. Quand aux liures fabuleux si quelques vns les lisent plustost que nostre histoire, i'ay creu du commencemét que la pluspart des hommes estoient d'vne nature si corrompuë qu'ils aymoient mieux le mensonge que la verité; mais ie me suis representé encore qu'il faut estre las de regarder de vrays visages, auant que de s'amuser à voir des grotesques & des imaginatiõs de peintre, & qu'il faut mesme auoir longtemps consideré la naifue beauté des vns, pour se cognoistre à l'agreable extrauagance des autres. C'est ainsi que i'ay refuté les raisons que ie pouuois trouuer sur la difficulté que ie m'étois proposée; & l'õ ne se pourroit rien imaginer apres tãt de choses, sinon que fort peu de personnes sçauent l'histoire de Frãce, parce qu'il n'y en a guere de liures, mais ce n'est pas de là encore que vient le mal, car ie ne pense pas qu'en quelque langue que ce soit l'on ayt iamais autant escrit sur aucun sujet que l'on a fait sur celuy-cy. Lors que i'ay contemplé de toutes parts ces longs ouurages qui sont faits sur l'establissement & le progrez de nostre Monarchie, i'ay iugé enfin que si fort peu de gens s'efforcent de sçauoir ce qui s'est passé iusqu'à cette heure en la contree où nous viuons, c'est qu'encore qu'il leur en vienne quelque desir, ils en sont incontinent desgoustez lors qu'ils trouuent que tout cela est escrit côme en despit des muses. En effect quād mesme nous verrions les affaires de nostre famille ou nos propres actions racontées d'vn ſtile rude, elles nous donneroient plus d'ennuy que de plaiſir, & nous ne ſerions pas beaucoup à blaſmer ſi nous cherchions vne plus agreable lecture. C'eſt vne choſe deplorable de voir de quelle ſorte l'on a mis la main à noſtre hiſtoire. Il ſemble que ceux qui apres auoir eu quelque legere impreſſiõ de ce que l'on apprend aux eſcoles n'ont point eſté capables de preſcher, ou de plaider, ny de cõpoſer des vers, ou des diſcours elegants, ayent eu pour refuge d'eſtre nos hiſtoriens, comme ſi cette profeſſion ne demandoit pas vn homme qui poſſede toutes les qualitez qui rendent vn autheur accomply. Ils ont penſé trouuer vne occupation où la ſubtilité de l'eſprit n'eſtoit pas requise, & qu'il leur estoit facile de faire vn amas de tout ce qu'ils trouuoient en diuers lieux pour nous le donner en guise d'vn bon liure. L'on cognoist bien icy que ie ne parle pas de ceux qui ont fait autrefois quelque histoire particuliere, mais bien de ceux qui en ont fait vne generale, car pour ces premiers, moyennant que leur relation soit fidelle, ie ne demande point tant qu'elle soit eloquente, & ie pardonne à leur simplicité en consideration de leur siecle. Il est vray que Gregoire de Tours raconte les affaires des Moynes de la France, auec autant de particularité que les affaires des Roys, comme si l'histoire de la Monarchie n'estoit mise dans son liure que par accident, & pour seruir d'intelligence à celle du Cloiſtre. L'on ſçait bien auſſi qu'Aymoinus qui a entrepris vne meſme hiſtoire que la ſienne, a enchery deſſus luy, en eſcriuant vne infinité de miracles dont l'on n'auoit iamais ouy parler : mais auſſi n'y a t'il que les plus curieux qui ſe puiſſent donner la peine d'aller voir leurs liures, & ie veux bien croire que c'eſt à cauſe qu'ils ne ſont que pour ceux à qui la langue latine eſt familiere, car il n'y a que celuy de Gregoire qui ayt eſté mis en noſtre langue, & encore ne trouue-t'on guere ſa traduction. L'on peut conſiderer outre cela qu'ils ne deſcriuēt que la race des Merouingiens, tellement que l'on ayme mieux aller voir les modernes qui ont traduit, ou qui ont deu traduire, ce qu'ils ont de meilleur, en adiouſtant le reſte de l'hiſtoire iuſqu'à noſtre ſiecle. Ie ne m'amuſeray point auſſi à cenſurer ceux qui ont eſcrit la vie de quelque Roy des deux dernieres races. Ie ne me plain pas ſi la plus part n'ont point obſerué les reigles qu'ils deuoient ſuiure. Nous nous deuons contenter de ce qu'ils nous ont laiſſé, en quelque deſordre qu'il puiſſe eſtre puiſque tout cela ne ſe peut aprendre ailleurs. L'on ſeroit aſſez ſatisfait ſi l'on trouuoit vn Hiſtorien general qui euſt ſoigneuſement recueilly de ces vieux memoires tout ce qui peut ſeruir à la poſterité, car il eſt certain que lors qu'il s'en eſt amaſſé vne grande quantité par la ſuite des temps, l'on ne les peut pas recouurer tous, ny ſe donner la patience de les lire quād l'on les auroit, ny se plaire dans leurs cōfuses & ennuyeuses narrations quand l'on les voudroit lire, veu que mesme l'on n'y aprend pas bien l'ordre des choses, à cause que le commencement des vns, ne respond pas tousiours à la fin des autres, de sorte qu'il s'y trouue de grandes bresches que l'on a de la peine à reparer. Nous ne demandons que de fidelles extraits de tous ces originaux, afin que l'on ne perde point de tēps à les feuilleter, & qu'il ne faille qu'vn seul liure pour nous instruire en cette matiere, & pour nous faire comprendre beaucoup de choses tout à la fois. Les Grecs & les Romains se sont autrefois seruis de cette methode qui doit estre approuuée de tout le monde, & pour nous autres François nous ne l'auons pas ignorée, mais ceux qui en ont vsé iusqu'à cette heure, n'ont pas tãt obligé le public qu'ils s'estoiẽt promis, & d'autãt que cette suitte d'histoire est celle qui doit tomber le plustost entre les mains de tout le peuple, ce n'est que d'elle seule que i'ay dessein de me plaindre. Pource qui est des histoires qui descriuent les affaires du siecle où nous viuõs, il est bien certain que ie n'en ay rien à dire, puisque ie ne m'atache qu'aux choses qui sont passées il y a des-ja long-temps, & au reste ie croy que ceux qui ont de present la charge de nous raconter tant d'accidens merueilleux, egaleront leur stile à la beauté du suiet. Reuenons donc à nos antiquitez, & voyons qui sont ceux qui les ont recueillies. I'en ay trouué quelques manuscrits, dont à peine le langage est intelligible; l'on n'a pas creu qu'ils meritassent d'estre mis au iour, depuis que l'Imprimerie a esté inuentée, & l'on n'a pas mesme esté curieux de sçauoir le nom des Autheurs. Il n'y en a point qui ayent parû deuant Robert Gaguin & Nicolle Gilles, comme s'ils estoient les premiers entrepreneurs de cet ouurage; mais ils sont bien les derniers en eloquence, & en force de iugement. Ils ont escrit d'vne façon si barbare qu'il semble que leurs liures ayent esté faits dans vn siecle entierement esloigné de la discipline des bonnes lettres. Ils s'imaginoient encore qu'ils escriuoient quelque Roman des Cheualiers de la table ronde, de sorte que croyãs estre obligez de rẽdre leurs narrations les plus plaisantes qu'ils pouuoient, ils y mettoient toutes les fables qu'ils auoient ouy dire, ou qu'ils auoient inuentées. Pour le latin de Gaguin il ne vaut guere mieux que le françois de Gilles, & si Belle-forest & Chapuys se sont meslez de faire des additions aux Annales du dernier, il valoit mieux faire vn ouurage tout neuf que de corriger celuy là, & toutes les pieces qu'ils y ont attachées sont aussi desagreables que des lambeaux de friperie. Il se peut faire qu'à cause de cela Belle-forest a voulu trauailler à part, & a depuis composé ses grandes Annales où il pensoit mieux reüssir, & se figuroit que celles de Nicolle Gilles ne luy seruiroiẽt plꝰ que de lustre, mais il a escrit d'vn stile qui n'est pas moins grossier, & qui plus est il a bouleuersé toutes choses, & n'a point iugé que l'histoire peust auoir vn plus bel ornement que celuy de la poësie de Ronsard, de sorte qu'il en a raporté de longues traictes, & ce qui est de plus ridicule il a trãscrit mot pour mot en diuers lieux tout ce qui est en la Frãciade pour les eloges de chaque Roy, comme si cela luy deuoit seruir d'vne authorité plus puissante. Du Tillet a fait aussi l'histoire de nos Roys, mais l'on n'y peut guere aprendre autre chose qu'vne briefue chronologie, sans y trouuer beaucoup d'actions memorables. A n'en point mentir,

Paul Emile s'est monstré plus historien que tous ces gens cy, mais il n'est pas encore tel que nous desirõs: car biẽ que la pluspart des personnes de qualité entẽdẽt la lãgue latine, ie sçay bien qu'vne histoire ne vaut point tant en aucun langue qu'en celle de son païs. Il y a tousiours quelques noms propres que l'on ne sçauroit si peu desguiser, que l'on ne les mette en danger d'estre mecognus. Il faloit parler latin chez les Romains, & il faut parler françois chez les François. L'on ne doit pas mespriser le langage de sa patrie; au contraire il s'en faut seruir tousiours pour le rendre plus illustre que les autres, & puis il faut considerer que l'histoire est vne leçon pour tout le peuple qui la veut trouuer

trouuer en sa langue vulgaire. Il se peut faire qu'Emile ne parloit pas bien François puis qu'il estoit estranger, mais il nous est donc besoin d'vn autre, & il ne sert de rien d'alleguer que l'on a traduit en nostre langue tout ce qu'il a fait, car outre que cela n'a aucune grace, il est certain que dans l'original mesme, il y a beaucoup de choses notables qui sont oubliees, ou qui ne sont pas mises selon la verité. Du Haillan est venu depuis, qui a creu estre fort capable d'escrire l'Histoire en François, & qui pour faire parade de son eloquence sur l'establissement de Pharamond à la Royauté, a fait dire de longues harangues à des Capitaines Allemands, l'vn desquels parle pour le gouuernement Monarchique, & l'autre pour l'Aristocratique, comme si des hommes qui n'auoient point d'autre mestier que la guerre, eussent esté instruits en l'eschole d'Athenes pour y aprendre ces beaux mots Grecs, & pour tirer leurs raisons des Politiques d'Aristote. D'ailleurs il est fort iniuste puis qu'il ne se met iamais du bõ costé, & qu'il mesprise tousjours ce que les autres estiment, & rabaisse le prix des actions de beaucoup de persõnes de marque. Il a encore vne estrange opinion, lors qu'il veut que le Roy de Paris soit au dessus de ses freres, & qu'ils luy doiuent le baise-main, mais ce n'est que la moindre de ses bigearreries qui se refutent assez d'elles-mesmes. Pource qui est de Fauchet, il brouille tellement tout ce qu'il a trouué dãs ses originaux que l'õ perd le fil de sa narratiõ dãs ce desordre, & l'on ne doit point auoir beaucoup de regret de voir qu'il n'a trauaillé que sur les deux premieres races. I'ay veu d'autres liures d'histoire escrits depuis les siens, où les choses ne sont pas mieux rangees. Tout y est disposé par articles sans estre lié, & l'autheur pensant estre plus exact & plus veritable que les autres, a raporté tout ce qu'il a rencontré dans les vieilles croniques sans en faire aucun choix, mais c'est encore auec si peu de subtilité que l'on a de la peine à le suiure, & que l'on ne treuue point la satisfactiõ qu'il espere de dõner. L'on a fait quelques petits abregez de tant de gros volumes pour ceux qui veulent sçauoir incontinent beaucoup de choses, mais cela est si grossier que l'on n'y peut rien comprendre, & qu'à peine y peut-on trouuer le nõ des Roys & la duree de leurs regnes. Le recueil qui a le plus d'aparence d'histoire est celuy de Ian de Serres, mais les plus iudicieux sçauent bien que tout est corrompu là dedans, par la malice ou par l'impertinence de cet Escriuain, qui n'a point d'autre but que de faire vne satyre cõtre les Papes, & cõtre quelques-vns de nos Roys, & qui ne se soucie pas de manquer en tout de rien, pourueu qu'il iette le venin de sa mesdisance. Si l'on achete ce liure plustost que les autres, ce n'est pas qu'il ſoit bon entre les pires. Ie n'en conoy point qui ne le vaille bien, & qui ne dône l'hiſtoire auec moins de confuſion & de deſguiſement. Ce n'eſt rien que par caprice que l'on l'a mis en vogue : ou bien ſi à tout hazard l'on en veut rendre vne raiſon, c'eſt poſſible à cauſe que l'on l'a tellement augmenté que l'on a fait venir l'hiſtoire iuſqu'à ce regne cy, & puis le liure n'eſtant pas des plus gros, & ſe trouuant quelquesfois ſeparé en pluſieurs petits volumes, qui peuuent tenir ayſement dans la pochette, le commun peuple s'eſt laiſſé abuſer par cette inuention qui ne reuſſit qu'au profit des Libraires, & l'on a creu que l'on treuuoit là en peu de mots ce qui eſt couché plus au long chez les autres Autheurs. Neantmoins quoy que ce liure soit le plus court de tous ceux de sa sorte, il faut que ie die vne chose qui estónera le vulgaire, c'est qu'il est des moins succincts; car quãd l'on ne feroit pas plus de discours que l'autheur en a fait, l'on pourroit reciter six fois plus de choses qu'il n'y en a dans son recueil, & l'on mettroit le Lecteur hors de peine en des endroits, où ce qui est le plus requis en la relation est oublié. De Serres tient de l'humeur de tous les autres Huguenots qui remplissent leurs liures de passages de la saincte Escriture, sans iuger si cela est necessaire. Il veut faire ainsi le deuot personnage, & ne laisse passer aucune occasion qu'il n'allegue quelque verſet. Il groſſit encore ſes narrations de prouerbes & d'autres diſcours populaires, dont il penſe tirer vn grand ornement, & il s'amuſe à faire des conſiderations les plus ſottes & les plus inutiles du monde, ſur les accidens qui arriuent à chaque Roy. Il faict beau voir le grand diſcours qu'il a fait ſur le tiltre des maximes fondamentales de l'Eſtat de la France, pour imiter du Haillan. Il ſe figure que Pharamond & ſes Conſeillers imaginaires auoient de telles raiſons en l'eſprit, au lieu que l'on doit croire ſeulement qu'ils s'accommodoient au temps preſent, & qu'ils iouyſſoient de ce qu'ils pouuoiét auoir, ſans aller preuoir la longue duree de leur Monarchie, & puis il eſt fort impertinent de les faire ſonger auec tant de ſoin aux moyens de maintenir leur eſtat, veu qu'ils n'eſtoiét encore guere bien eſtablis, & que ce Roy ne put iamais paſſer le Rhim. Ie m'imagine pour moy que voyant qu'il ne trouuoit guere de choſe de ce qui s'eſt paſſé ſous Pharamond, il euſt eſté honteux d'en mettre ſi peu dés le commencement, de ſorte qu'il a voulu eſtaler ſes inuentions, bien que tout au contraire en d'autres lieux où l'hiſtoire abonde en ſuccez diuers il ait celé ce qu'il falloit declarer. L'ō void encore en cecy le peu de iugemēt de cet autheur, car quoy qu'il ait fait ce long preambule, non ſeulement pour monſtrer que la Royauté n'eſt que pour les masles, mais aussi qu'elle est hereditaire & non point electiue, il ne laisse pas de mettre au commencement du Regne de quelques Roys que les François les esleurent. Ses erreurs & ses impostures sont si grandes en tous endroits qu'il a desia donné suiect de dresser vn inuentaire des fautes de son inuentaire, mais l'on n'y void pas encore la moitié de ce que l'on en pourroit dire. Ie m'estonne d'entendre que quelques personnes qui s'imaginent auoir de l'esprit, disent qu'au moins si son histoire n'est vraye le langage en en est net & agreable: ie puis mõstrer quand ie voudray qu'elle a des qualiez toutes contraires à celles-là. Il n'a pretendu faire qu'vn inuentaire semblable à ceux que les Praticiens produiſent au Greffe, & comme il dit luy meſme, l'on en peut voir le ſac & les pieces à ſon loiſir: mais il eſt certain qu'il a bien ſouuent produit de faux tiltres, & que l'on ſe peut inſcrire en faux contre luy. Ainſi l'on trouue vne infinité de choſes à reprendre dans nos autheurs, & outre qu'ils deſguiſent la verité en mille façons, ils n'ont point faict d'abregez tels qu'il faut, ny des hiſtoires accomplies. Ils parlent trop aux lieux où il ne faut guere parler, & ils ont le ſtile trop ſuccinct lors qu'il a beſoin d'eſtre prolixe. Ceux que l'on eſtime les moins mauuais ſont les plus amples; mais ce qui les groſſit ce ſont les affaires eſtrangeres, ou bien les fables que pluſieurs autres ont inuentees, & auec cela quelques remarques de ce qui s'est passé pẽdant la vie des Roys, mesme parmy des personnes qui n'auoient rien de commun auec les affaires de l'Estat. D'ailleurs pource que tous ces Escriuains n'ont pû se rendre differens les vns des autres par la force du iugement & de l'Eloquence, & qu'il n'y en a pas vn qui surmonte son compagnon, lors qu'ils ont eu enuie d'escrire leur histoire, ils ont pensé que le seul moyen qui leur restoit de la rẽdre differẽte de celles qui auoient desja esté escrites, c'estoit de chãger l'ordre & les circonstances des accidens. De là vient que leurs liures sont tous remplis de disputes, & que celuy qui a escrit le dernier en a plus eu a faire que tous les autres; Car si le second a rapporté ce que le premier a dit, afin de le contredire, le troisiesme a rapporté ce qu'ont dit tous ces deux là pour les reprendre, & puis le quatriesme est venu qui a fait encore le mesme traitement à tous les trois. Ils rapportent mille contes qu'ils connoissent bien pour faux. Ils font des remarques sur des suiects de neant, & nous recitent des traitez & des patentes en forme, de sorte que l'on a raison d'appeller tout cela des Memoires, des Inuentaires & des Recherches, car ce sont de vrayes procedures de chicane, & le plus beau de tous ces ouurages estranges aura beaucoup d'honneur si l'on le compare à quelque procez verbal de

Commissaire. Le bon y est mis auec le mauuais, & le vray auec le faux, tellement que pour moy ie ne sçaurois confesser que ce soiēt des histoires, mais bien des matieres d'histoire. Au reste pour le langage il est si mauuais par tout, & l'on y void des paroles si basses & si salles que ie ne pense pas que l'on s'en puisse seruir à autre chose, qu'à exprimer les pensees des gueux & des faquins, bien loin de pouuoir exprimer celles des Roys & des hommes de vertu. L'vn vous dira par exēple, *Que Clouis battit les Visigots iusques sur leur fumier.* L'autre dira, *Que ce Roy ne portoit pas tousiours les victoires pēduës à sa ceinture; Qu'vn autre se laissoit passer la plume par le bec; qu'il auoit des ruses cousuës de fil blanc; qu'il se sauua par les marays*, pour dire qu'il s'ē alla par où il pût. *Que Brunehaut, dont il ne parle iamais qu'il ne l'appelle cette vieille dogue, cette louue, ceste mastine, fit tant par ses iournees, c'est à dire par charmes qu'elle degousta Thierry de l'amour de sa femme*; & sur tout il y a plus de leuain dans ce liure, que chez tous les Boulengers. A tous propos l'autheur dit, *Que telle chose arriua pour leuain du malheur d'vn tel homme*, & l'on void en tout le reste force mots grossiers, comme, *Maltalent, grabuge, bouter & se guermenter*. Ie ne veux pas dire les autres, bien qu'ils soient encore plus reprehensibles. Ie craindrois que mon papier n'en fust soüillé. Or nous n'auons pas manqué iusques à cette heure d'assez bons esprits pour remarquer cela, de sorte que de peur de perdre sa peine, il y a fort peu de gens qui lisent l'histoire de France s'ils n'y sont contraints pour estre de quelque profession qui les oblige a sçauoir vn peu de toutes choses. Ceux qui ont l'esprit libre, ayment mieux lire quelque autre liure que ce soit, & ie reçoy leur excuse quand ils disent qu'ils prennent leur plaisir par tout où ils le rencontrent: Il faut conclure que quelques-vns de nos Historiens sont trop succints pour nous instruire, & pour les autres qui sont trop amples, veu qu'ils n'ont point d'ordre qui nous plaise, ny d'eloquence qui nous attire, ie ne sçay comment l'on les liroit tout du long, & cõment l'on leur pourroit accorder vne faueur que l'on ne fait pas souuent aux meilleurs liures s'ils ne sont courts. Tous ces ouurages ne seruẽt dōc de riẽ que pour accomplir les Biblioteques des curieux qui veulent auoir quantité de volumes pareils, & & qui ne se soucient point dequoy ils garnissent leurs tablettes pourueu qu'elles soient pleines, d'autant que tous leurs liures ne seruẽt que de parade, & ne sōt iamais veus que par le dos. Mais soit que l'on achete ceux-cy par hazard ou auecque choix, l'on fera bien de les laisser manger aux vers & à la poussiere; & pour les Libraires ils seront bien auisez s'ils n'en font plus imprimer de semblables. Puis qu'ils se contredisẽt tous, & que l'onn y sçauroit faire de profit y voyant des choses si rusi rustiques; & quelquesfois si es-loignees de la raison, nous ferions mieux de les supprimer que de troubler nostre esprit à iuger qui est le plus veritable & le moins confus. Ie ne suis pas de l'humeur de quelques esprits foibles qui s'imaginent que dés qu'vn home est Historiographe, il faut qu'il escriue toute nostre histoire. S'il eust falu que tous ceux qui l'ont esté l'eussent faite, nous en aurions trop de volumes. C'est assez que l'on s'occupe au trauail à quoy l'on est appellé. L'on sera content si l'on void seulement vne bonne histoire de quelque part qu'elle vienne; car ce n'est pas en cecy que l'on cherche la multitude. Nous ne deuons plus demander qu'vn bon liure, qui s'estant accordé auec les Anciens & les Modernes nous donne des veritez indubitables, & qui estant fait selon les reigles de l'art, puisse aussi bien plaire que profiter. La ieunesse le lira aussi tost que des Romans, voyant que l'on y pourra apprendre de beaux mots, & que l'on y trouuera vne diuersité d'auantures. Les Poëtes y chercheront des sujects pour leurs Poëmes & leurs tragecomedies, aussi tost que chez les natiõs barbares, où ils vont d'ordinaire querir leurs inuentions ; & il ne faut pas croire que cette chose soit de si peu d'importance, veu que cela rendra tousiours nos Monarques plus celebres, & fera apprendre leurs actions sans y pẽser à ceux qui autrement n'en au-

roient point d'enuie, & ne son-
geroient qu'à se donner du plaisir
en voyãt diuerses feintes de theatre, ou en lisant des ouurages de-
licieux. Outre cela les estrangers
qui seront amateurs de nostre
langue, choisiront plustost ce liure d'histoire qu'vn autre, pour y
recueillir quelque fruict, & bien
que leur principal dessein ne soit
que d'apprendre à parler François, ils aprendront par mesme
moyen tout ce qui s'est passé en
France. Ainsi les genereuses a-
ctions de nos Roys seront con-
nues iusques aux pais les plus esloignez, au lieu qu'à peine l'on
les sçait en leur pais propre car
qui pense-t'on qui ayt rendu
Brutus & Camillus si renommez,
si ce n'est l'histoire de Tite Liue?

Si les Romains n'eussent point eu des Historiens excellens, nous ne sçaurions non plus ce qui s'est passé parmy eux, que ce qui s'est faict dans la Tartarie. Ils eussent pu faire des Memoires, des Recherches, & des Inuentaires aussi gros que sont ensemble tous les autres liures que nous auons, sans que iamais ils fussent venus iusqu'à nous, d'autant que l'on n'eust pas pris la peine de transcrire de temps en temps des manuscrits si ennuyeux pour les renouueller & les faire tousiours viure. Le peuple ne se plaist point à lire des histoires quelques veritables qu'elles soient, s'il n'y treuue quelque douceur qui soit comme vn charme pour l'attirer & le retenir. Il faut donc que la nostre soit en l'eſtat ou ie la ſouhaitte, ſi l'on veut que la France en reçoiue de l'honneur de tous coſtez. Quand cela ſera il en viendra encore plus de profit que ie ne ſçaurois monſtrer, & principalement c'eſt vne choſe infaillible pour le bien de l'eſtat que les François y apprendront mieux à reſpecter leur Monarque, & de quelle ſorte ils doiuent viure pour eſtre heureux, que non pas dans les hiſtoires eſtrangeres, qui d'autant qu'elles nous monſtrent des façons de gouuerner fort eſloignees de la noſtre, ne nous produiſent que des exemples inutiles. C'eſt vne faute bien grande de retarder vn bon-heur ſi manifeſte, & maintenant encore que noſtre langage eſt ſorty de l'enfance, & que paruenant à vn âge plus haut, il prend ſes forces & ſon accroiſſement, ſans qu'il nous ſoit beſoin deſormais d'emprunter des mots de nos voiſins pour nous faire entendre. Souffrira-t'on que le plus beau ſuject d'eſcrire que nous ayons ſoit le plus-mal traitté de tous? Que veut-on faire de tant de groſſes hiſtoires confuſes qui ne font qu'ennuyer & deſplaire, & qu'on ne peut pas lire en dix ans? Veut-on auſſi touſiours garder cét Inuẽtaire ſatyrique qu'vn Miniſtre a faict pour l'vſage des Huguenots? Quitons pluſtoſt tãt d'autres ouurages infructueux, & ne nous occupons qu'à faire en ſorte que nous ayons vne hiſtoire accomplie. C'eſt en vain que nous nous glorifions d'eſtre venus au monde, au plus-beau de tous les ſiecles, & que nous aſſeurons quelquesfois que toutes les choſes y ſont montees au ſouuerain degré de leur perfection, l'on nous en peut faire voir vne qui demeure encore fort baſſe, ſans faire vne plus longue recherche. C'eſt la pauure hiſtoire de France, que ie ne regarde iamais que ie ne compare ſa miſere à celle d'vne miſerable Princeſſe qui ne ſeroit point honoree en ſa patrie, & ne ſeroit pas quaſi connuë faute d'auoir des habits conuenables à ſa qualité. L'on eſt maintenant honteux de ſon chetif equipage puis qu'il n'y a rien au monde qui ſoit tant paruenu à l'excez que la ſomptuoſité & la delicateſſe, de ſorte que nos yeux ne ſçauroient plus souffrir la veuë de ce qui est mal propre & mal orné. Mais qui sera l'ouurier qui luy pourra faire vn vestement assez riche? il faut que la tissure en soit aussi forte que belle, & que les paroles qui seront comme les fleurs de l'embellissement soient arrangees auec beaucoup de choix, afin que la faço en surpasse la matiere. Cela requiert vn trauail & vne industrie que tout le monde n'y peut pas employer. L'on ne void que trop d'hommes aujourd'huy qui cherchent leurs voluptez, & qui ayment mieux parler de rire que d'estre serieux. Ceux là fuyent l'estude quand elle est trop penible, & pource qu'ils acquierent assez de gloire à moindres frais parmy leurs semblables, ils n'ont garde de passer plus outre. Il y en a qui auroient bien le dessein de faire quelque chose de grand, mais ils voudroient se precipiter pour s'en deliurer plustost, & puis ils oublieroient la moitié de leur deuoir. L'on en trouue d'autres au contraire de qui la main va si lentement à l'ouurage que s'ils en auoient entrepris vn tel que celuy que nous proposons, il faudroit que Dieu les laissast aussi longtemps au monde que ceux qui viuoient auparauant le Deluge, pour leur donner le loisir de l'accomplir. Possible aussi qu'estans trop foibles & trop steriles pour le composer tout d'vne suite, ils ne le feroient qu'à pieces destachees, & par ce moyen luy troubleroient tout son ordre, & luy osteroient toute sa grace. Ie veux bien conclure pourtant que parmy vne si grande diuersité d'esprits qui sont à Paris & ailleurs, il y en a d'assez bons pour remettre l'histoire en son lustre, mais ils ont encore quelque obstacle, & leur vertu demeure aussi inutile, que l'or qui est caché dedans des mines inconnuës. Il semble que l'histoire de France n'ait pas atteint son heureuse destinee, & qu'elle ne soit pas encore au tẽps qu'elle doit paroistre plus aymable à nos yeux, & neantmoins il ne tiendra pas à moy que toute sorte de hazards ne soient mesprisez pour elle, & que l'on ne voye quelque changement à sa fortune. I'entẽdray possible quelqu'vn qui me viendra dire au despourueu qu'il se faut contenter de ce qu'ont desia fait nos autheurs, & qu'ils se sont dignement acquitez de leur charge. Que celuy qui me parlera de la sorte, se souuienne que i'ay commencé mon discours par l'estonnement que i'auois de trouuer nostre histoire si negligee; qu'il considere que ce n'est pas moy seulement qui dit qu'elle ne vaut rien, mais que c'est la voix de tout le monde; qu'il voye par tout les preuues que i'ay alleguees du mespris que l'on en fait; qu'il escoute si les Orateurs la citent, & si l'on en parle dans les discours familiers; qu'il prenne garde si voyant que l'on sçait si peu de chose de ce qui s'est passé icy, il ne semble pas que nous soyons en quelque lieu de bannissement,

& que la pluſpart des François ne viennent que d'arriuer en France. Mais qui ſera ce qui approuuera tant de liures mal-faits? Ce ne peut eſtre qu'vn homme qui ſe plaiſt à faire le contredi-ſant, & à s'eſloigner de l'opinion commune, ou quelque pauure bourgeois qui faute d'auoir eſtudié ſe tient aſſez ſatisfait d'vn liure lors que l'impreſſion en eſt belle, & l'eſtime au prix de l'argent qu'il luy a couſté, ou bien qui croit innocemment que l'on n'a eu garde de rien mettre au iour ſur le ſuject de nos Roys qui ne ſoit fort à propos, & qui apres tout cela s'imagine qu'vne hiſtoire eſt aſſez bonne pourueu qu'il y treuue diuers ſuccez dont la lecture le deſennuye aux heures de loiſir, ſans ſonger s'il y a de l'ordre & de la verité. Neantmoins pource que les eſprits ſont auiourd'huy fort bigearres, il y en peut auoir plus que ie ne m'imagine qui ſe cõtẽtent des hiſtoires qu'ils ont deſia veuës. Mais s'ils veulent ſortir d'erreur & ne ſe point oppoſer au bien public, qu'ils eſpluchẽt vn peu les conſiderations qui leur peuuent monſtrer la baſſeſſe de la choſe qu'ils veulẽt releuer. Qu'ils regardent les defauts que i'ay marquez, & qu'ils voyent pareillement ſi les hiſtoires Grecques & les Romaines, ſur leſquelles on prend à hõneur de ſe former ſont faites de la ſorte. Toutes les choſes n'y ſont point miſes en confuſion comme dans les noſtres, & ie ne ſçay où nos Hiſtoriens ont esté chercher ce stile non encore pratiqué de leurs chiquaneries perpetuelles. Que si quoy que ie die on ne laisse pas en quelque lieu de les tenir pour habiles hõmes, il semble que ie sois oblige de monstrer en quoy ils ont manqué depuis vn bout iusqu'à l'autre. Mais en combien de volume cela pourroit-il tenir, & puis d telles censures ne seroient elle pas trop importunes, & ne dois ie pas auoir desormais de meilleures occupations que de transcrire tant d'impertinences pou le seul plaisir de quelque particulier? Apres en auoir rapport quelques-vnes, c'est assez de dir que si l'on m'obligeoit d'entre sur ce suject, ie pourrois monstre encore de viue voix à ceux qui e ſeroient capables, qu'il n'y a page en tous ces beaux liures dont l'on s'eſt ſeruy iuſqu'à cette heure dans laquelle l'on ne voye de tres-grandes fautes, tant contre la verité de l'hiſtoire, que contre le vray art de la diſpoſer, & meſme contre les reigles de la Rhetorique, de la Grammaire, & de la Syntaxe. Cela ſe peut faire ſans animoſité & ſans enuie, de ſorte que cette liberté doit eſtre laiſſée à tout le monde, & pour ſe reigler en cette recherche, il ne faut que ſuiure ce que i'ay deſia dit, ou ce que ie diray par cy apres. Que s'il y a des curieux qui voudroient que i'euſſe faict vn gros liure de cette matiere, ils doiuent croire qu'encore les remarques qui s'en treuuent icy me couſtent-elles beaucoup, & que ie ne les eusse iamais mises, s'il ne m'eust falu monstrer au peuple combien de fois l'on l'a voulu abuser en luy donnant vne histoire contrefaite, & couuerte d'vn masque hideux, plustost que de luy monstrer le beau visage de celle que nous cherchons. Si ie poursuiuois si viuement nos Historiens, & si ie disois autre chose d'eux que ce qui est necessaire, l'on croiroit incontinent que ie me laisserois emporter à quelque passion. Ie veux suiure vn meilleur chemin loin de l'imposture & de la calōnie. Au lieu que le vulgaire des Escriuains n'entreprend rien d'auantage que de remarquer les fautes des autres, sans nous donner des ouurages exquis, & mesme me sans nous enseigner le moyen d'en faire, ie me veux contenter d'vn si petit aduertissement que celuy-cy, pour controller tāt de gros volumes, & encore y en aura t'il pour le moins la moictié qui sera employee à monstrer de quelle sorte il se faut comporter pour faire mieux. Mais ce qui est bien plus remarquable, ô Lecteurs (il ne faut plus que ie vous laisse en attente) c'est moy qui vous promets de mettre toute nostre Histoire en l'estat que ie croy qu'elle doit estre. Or c'est principalemēt par ce moyen que ie preten m'exempter de faire icy des recherches si amples contre les Autheurs qui m'ont precedé; car en vn mot si l'on confronte mon ouurage auec les leurs, l'on pourra voir s'il y aura quelque elegance & quelque obseruation dans l'vn qui ne soit point dans les autres. Il n'y aura point là de fausse accusation qui esbloüysse les yeux des Iuges & les empesche de iuger sainement. Mais ne me semble-t'il pas que l'on s'estóne desia de ce que ie vien de dire. Plus de douze Historiens ont escrit les actions de nos Roys sans nous auoir rien laissé d'estimable, de sorte que l'on croid que c'est vne pure folie de trauailler apres eux, si l'on ne sçait faire autre chose que ce qu'ils ont fait, & les ayãt tous cõsiderez l'õ est en doute si ie les pourray surpasser. Mais ce n'est pas le poinct de l'affaire, mes chers Lecteurs; c'est peu de chose de faire mieux que ceux qui n'ont rien fait qui vaille. Qui veut estre loüé doit tascher d'atteindre à la perfection. Ie sçay bien que i'excite encore vostre curiosité par cette responce. Vous ne pouuez souffrir que ie me promette d'atteindre à la perfection que l'on desire, & de faire ce que tāt d'autres qui s'estiment plus capables que moy n'osent entreprendre. Aussi n'ay-ie point de paroles si hautes ny si auantageuses. Mais cela n'empesche pas neantmoins que ie n'espreuue mes forces en vn ouurage necessaire, quand les autres en abandonnent le trauail. Nostre Histoire m'a si souuent touché de compassion que ie ne sçaurois la voir plus long-temps dans le mespris & dans la bassesse. D'vn autre costé le souuenir de mon deuoir me pousse à l'entreprise. Puis què Dieu m'a faict naistre François, il faut rendre ce seruice à ma patrie, de descrire ce qui s'y est passé de memorable Voyla mon intention qui n'est ny vaine ny presomptueuse. Il n'y a que la bonne volonté & vne franchise de courage qui me guident, & si l'aprehension me forme quelques difficultez, tout ce que ie promets c'est que ie les surmonteray par le trauail & la vigilance. Toutesfois auant que de faire paroistre mon principal ouurage, ie croy que les loix de l'humilité ne me deffendront point de monstrer quelque chose de mon project, afin que l'on remarque de quelle sorte ie trauaille, & si ie suis poussé d'vne folle temerité, ou d'vne hardiesse raisonnable. La plus belle Histoire d'vn Royaume estant celle qui parle des actions des Roys, pource que de là depend tout ce que les sujects ont faict de notable, c'est le suiect que ie me propose, & ie veux appeller mon liure, *Histoire de la Monarchie Françoise*, d'autant que cela monstre que les accidens qui sont arriuez aux Monarques, y sont compris sans les separer de leur Estat; au lieu que si l'on disoit seulement, *Histoire des Roys*, cela sembleroit trop particulier, & l'on croiroit que ce fust vne simple relation de leur vie, laquelle il n'est pas à propos que ie fasse, car l'histoire d'vne Monarchie est bien differente de celle de la vie d'vn hōme Illustre. Dans vne vie particuliere il faut mettre iusqu'aux moindres choses qu'vn homme a faites, mais dans l'histoire d'vn Estat où l'on void la suite de ceux qui ont commandé, il faut oublier mille petites actiōs de ieunesse, & prendre iustement les Princes au temps qu'ils ont monté dans le trosne, & il suffit en cét endroit de raconter quelle nourriture ils auoient euë auparauāt, & quelle estoit leur humeur, specialemēt si elle estoit extraordinaire, & puis apres il ne faut parler que des choses qui appartiēnēt au suiect, comme des guerres, des conseils & des principaux accidens où la fortune de toutes les prouinces est attachée. Mon ouurage contenant ce que ie dy, ie treuue encore son tiltre meilleur que si ie l'appellois, *l'Histoire de*

France, à l'imitation des autres; car s'il y a des tiltres trop particuliers, cettuy-cy au contraire est trop general. Si l'on vouloit racõter de quelle sorte l'on s'habille en France, de quel langage & de quelles loix l'on y vse, comment l'on y bastit, qui a fondé les villes, les Eglises & les Colleges, quels arts y ont esté pratiquez de tout temps, auec encore la vie des Roys, & vne infinité de choses que l'on se pourroit imaginer, ces mots d'Histoire de France pourroient comprendre tout cela. I'ay donc aproprié mon tiltre à mon suject qui est tellement l'Histoire de nostre Monarchie que ie ne monte guere plus haut que le temps où elle a commencé; mais aussi ne suis-je pas obligé d'en entre prendre dauantage,& quãd ie desirerois de le faire ie n'y pourrois mettre que ce que i'y mets, si ie voulois ne rien escrire outre ce qui est asseuré. L'on sçait bien que les Francs sont venus habiter en Gaule, & que nos premiers Roys, sont sortis de leur race, mais de dire qui estoit le pere, l'ayeul, & le bisayeul de Pharamond, & aller ainsi iusqu'au premier homme que Dieu crea, c'est ce qui ne se peut, & ceux qui l'ont entrepris ont dressé vn arbre de genealogie pour se donner du plaisir. Ie ne desapreuue pas entierement le dessein de ceux qui declarent l'estat des Gaules depuis le deluge, & les diuerses habitations de ces peuples d'Allemagne, qui se sont fait appeller Frãcs, pourueu qu'ils n'en disent qu'autant qu'ils en peuuent tirer des bons Autheurs. Mais neãtmoins puis que cela est vne partie de l'Histoire Romaine, ie suis d'auis que le peuple y cherche ce qu'il y en peut apprendre, comme au meilleur & au plus certain endroit où il se puisse adresser. Ie laisse chaque chose en sa place, & pour faire vne Histoire qui soit toute nostre, ie la commence à l'origine de nos Roys, sans parler de ce qui s'est passé sous vne domination estrangere, qu'autant qu'il en est besoin, pour monstrer en quel estat estoient les peuples qui conseruerent leur liberté, & conquirent le pays de leurs voysins. Ie me ry de ces fous qui se vont imaginer que les François sont descendus de quelques

Troyens qui estoient conduits par vn Prince appellé Francus. Bien que l'on asseure que Troye a esté, tout ce qu'Homere en dit n'est que fiction, & l'Historien se declare impertinent s'il se fonde sur les fables d'vn Poete ; mais ce qui est de plus estrange en cecy, encore n'y trouue-t'on pas l'origine que l'on demande, sans inuenter vne autre fable, car le Poëte Grec ne dit point qu'il y eust personne à Troye qui s'appellast Francus, & si l'on feint que cettuy-cy estoit Astianax fils d'Hector, qui chãgea depuis son nom, l'on cõtredit à tous les Poëtes anciens qui asseurent qu'il fut tué par le fils d'Achile. Il n'y a que les modernes comme Ronsard, qui disent que Iupiter le sauua finement, ayant mis vn fantosme entre les mains de son ennemy, & ie vous laisse à penser si vn autheur Chrestien peut croire cela, ou le faire croire aux autres, encore qu'il l'escriue. L'on void donc clairement que Francus est vn personnage que des idiots comme Iean le Maire de Belges, se sont imaginé, à cause qu'ils croyoient qu'il y eust de la gloire pour vne Monarchie, de la faire venir de ce Prince estranger, ne considerans pas qu'il estoit vn pauure fugitif, suyuant mesme le rapport qu'ils en font. Ils ont pensé aussi que puis que les Romains ont pris leur nom de Romulus, & que leur renommee a esté la plus grande, que l'on se puisse figurer, il y a de l'honneur de tirer ainsi son origine de quelque ancien personnage, quand il ne seroit remarquable que pour des larcins & des homicides, & que c'est se rendre semblable en quelque sorte au plus genereux peuple du monde. Ils se persuadent encore que si l'on croit ce qui se dit de Romulus, tout ce qui pourra estre raconté de Frãcus ne sera pas moins approuvé; mais sçauent-ils bien que ie ne leur accorde pas que Romulus ayt esté, ou tout au moins que ce que l'on en raconte soit vray? Ie ne parle point d'Enee de qui l'on le fait descendre: Ie ne vay pas si loin, bien qu'il y ayt cette rencontre, que les Romains ont pretendu estre venus des Troyens à cause de luy, comme les François par le moyen de leur

Frãcus. Chacun ſçait que l'arriuee de ce Phrygien en Italie eſt fabuleuſe, car eſtãtcertain q̃ les Grecs entrerẽt dans Troye par ſa trahiſon, il n'eſtoit pas beſoin qu'il priſt la fuite, & puis vn tel homme ne pouuoit pas auoir le courage d'aller conquerir vne autre terre. D'ailleurs l'on ne dit point qu'il ayt dóné ſon nom à quelque païs de ſa conqueſte, & le nom d'Italie vient d'Italus qui eſtoit vn autre Prince. Ie ne me ſers donc pas ſi toſt de ſon exemple que de celuy de ſon ſucceſſeur qui me cõuient mieux. Ie ſçay bien que l'on raconte les principales actions de Romulus, mais l'on n'a ſuiuy en cela que des autheurs qui s'eſtoiẽt fondez ſur des contes de vieille, & l'on le void clairement par les incertitudes qui s'y treuuent. Plutarque mesme qui a escrit sa vie plus au long que les autres, dict dés le commencement que les Historiens ne s'accordent pas touchant la fondation de Rome. Les vns tiennent que les Pelasgiens ayant dompté plusieurs nations, s'arresterent en Italie où ils bastirent cette ville qu'ils appellerent de ce nom qui signifie en Grec *Puissance*, pour monstrer qu'ils estoient les plus puissans de la terre, & comme pour presage de la puissance de leur race future. Les autres (selon ce que Plutarque asseure encore) disent qu'apres la destruction de Troye, il y eut quelques Troyens qui se sauuerent en des Nauires qu'ils trouuerent au port; & qu'estans iettez par les vents an la

Thoſcane, ils poſerẽt les anchres pres la riuiere du Tybre, & qu'alors leurs femmes ne pouuans plus ſouffrir le trauail de la mer, il y en eut vne qui conſeilla aux autres de mettre le feu aux vaiſſeaux, ce qu'elles firent genereuſement, dequoy les marys eſtans indignez elles les appaiſerent le mieux qu'elles purent, & les obligerẽt de baſtir vne ville qui pour ſouuenance de celle qui en eſtoit cauſe, fut appellée Rome de ſon nom. Le meſme Autheur rapporte encore cinq ou ſix autres opinions qui font voir toutes, ſoit qu'elles ſoient fauſſes ou vrayes, que Rome eſt plus ancienne que l'on ne là fait, puis qu'il y en a tant qui marquent ſa fondation bien long temps auparauãt le premier des Roys, de ſorte que ſi les Romains ne contoient leurs annees que depuis Romulus ou Numa, c'eſtoit qu'ils n'auoient point de connoiſſance plus eſloignée, & encore eſtoit elle fort obſcure. Ne ſçachant donc pas au vray le tẽps de leur fondation, ils s'arreſtoiẽt à celuy de leur plus remarquable eſtabliſſement, & prenoient pour leur fondateur quelque reſtaurateur de leurs Loys. Pour embellir l'hiſtoire ils ont dit que Romulus auoit eſté ietté dans le Tybre cõme il eſtoit petit enfant, mais que l'auge ou l'on l'auoit mis eſtant arriué à terre, il fut alaicté par vne Louue, & depuis nourry par des Bergers, iuſques à ce qu'il fit reconnoiſtre qu'il eſtoit du ſang Royal. Le menſonge ſe fait voir en ce en ce que l'on n'est pas mesme asseuré si ce fut vne Louue qui l'alaitta. Quelques vns disent que ce fut la femme d'vn Berger, à qui l'on donne ce nom à cause de sa mauuaise vie, ou qui le portoit veritablemẽt. Ie treuue aussi ce conte fort malaysé à croire, pour ce que c'est la mesme chose, que les Poëtes ont accoustumé de feindre touchãt la nourriture de leurs Heros, enquoy il y a des Historiens qui les ont imitez. Voyla cõme Paris fut exposé pour le songe que sa mere auoit faict, qu'elle acoucheroit d'vn flambeau ardent. Cyrus courut encore la mesme fortune selon le dire de Iustin & de Trogus Pompejus, qui l'a precedé. Astiages songea que sa fille, acouchoit d'vne plãte merueilleuse, qui donoit de l'obrage à tout so Royaume, & les deuins luy ayant dit la dessus qu'elle auroit vn fils qui se feroit Roy, il le fit mettre à l'abandon, & l'on void en quelque endroit de l'histoire de Iustin qu'il fut alaitté par vne chienne, quoy qu'il mette au commencement qu'il fut donné à vn pauure Berger, & qu'il demeura longtemps auec luy, en quoy l'on connoist son incertitude; il parle encore sur la fin de son liure d'vn autre enfant que son grand pere fit exposer aux bestes pour le faire deuorer, mais elles le nourrirent, & furent moins cruelles que celuy qui luy auoit donné naissance, si bien qu'il paruint enfin à la Royauté. Toutes ces ressemblances d'histoire me sont suspectes. Il ſemble que l'on les ait toutes inuentees les vnes ſur les autres; ie ne dy pas que quelqu'vne de ces choſes n'ayt pu arriuer, mais au moins l'on a controuué les dernieres pour embellir vne narration, & pour treuuer ſuject de parler de quelques Princes de qui l'on ne ſçauoit rien de remarquable. Il n'eſt pas à croire que tant de Roys ayent eſté en ſoupçon de leurs petits fils pour vn meſme ſuiect, & qu'ils ayent eſté ſi meſchans que de les vouloir faire mourir, & que la fortune de ces enfans ayt eſté ſi ſemblable, qu'ils ayent tous eſté ſauuez par vn meſme moyen. Ce n'eſt point vne digreſſion inutile que de parler de ces fictions, puis qu'il faut monſtrer qu'elles ſe refutent les vnes par les autres, & que si celles des Grecs font cognoistre celles des Romains, celles des Romains font cognoistre celles des François, & m'empeschent d'en mettre de semblables dans mon Histoire, quoy que nos predecesseurs nous en ayent laissé vn grand nombre. Outre que l'on inuente ces estrãges succez dans les origines des Empires pour des hõmes qui ont vescu autrefois, il y a vne imposture plus grande qui est d'inuenter des personnages à sa fantaisie. Quand l'on ne peut dire qui est le fondateur d'vne ville, l'on cherche ce que peut signifier son nom en toute sorte de langues, & si l'on treuue pour quel suject l'on luy a donné celuy qu'elle porte, l'on s'en contente quelquefois;

Mais si c'est vn mot qui ne signifie rien, l'on prend bien la hardiesse de s'imaginer que c'est le nom d'vn Prince qui la fondee sans en auoir d'autre preuue. Ainsi dans l'Histoire des premiers Roys des Gaules, l'on void qu'vn Paris a fait bastir la ville qui porte son nom, Magus celle de Magunce, Lugdus celle de Lyon, & Narbon celle de Narbonne; Que Galathe a donné son nom aux premiers Gaulois qui ont esté appellez comme luy, & que depuis leurs successeurs ont accourcy le nom; Que Belgius a fait aussi appeller Gaule Belgique, ce qui est au delà de Seine & de Marne du costé du Septentrion, & que Celtes a fait pareillement nommer Gaule Celtique, l'autre partie qui s'estend iusques aux Pyrenees; Que tout de mesme Allobrox a fait appeller autrefois Allobroges ceux que l'on appelle maintenant les Sauoyards; Que Rhemus a aussi donné son nom au Rhim, & Lemanus au lac Leman, qui est celuy de Geneue; Que les Philosophes Sarronides tirent leur nom de Sarron, les Prestres Druydes de Dryus, les Poëtes Bardes de Bardus. Tous ces Roys attribuent leur nom de la sorte à quelque chose, & c'est ce qui me fait iuger que l'histoire en a esté inuentee à plaisir, & que pour dóner quelque aparence à leur genealogie, & n'y point mettre de noms qui fussent reiettez comme inconnus, l'on en a composé sur ceux des villes & des autres lieux,

& mesme sur ceux des nations ou des anciennes sectes. Apres auoir descouuert cette fourbe, il faut conclurre que le nom de Francus a de mesme esté trouué sur celuy des François, au lieu que quelques-vns pretendent que celuy des François a esté pris sur celuy de Francus. L'on a par mesme moyen forgé vne fable tout exprez pour ce personnage, mais ie veux monstrer qu'elle n'a guere d'aparẽce. L'on dit qu'apres la destruction de Troye, il fut nourry en Albanie pres de son oncle Helenus, & que se voyant assez fort pour porter les armes, il se mit en mer auec les autres Troyens. L'on le fait aller en Sicambrie prez des emboucheures du Danube, mais que n'alloit-il plustost reprendre sur les Grecs le païs de son pere, & bastir vne nouuelle Troye au lieu mesme où auoit esté la vieille? l'entreprise en eust esté plus belle. Il eust tiré vengeãce des affronts que l'on auoit faits à sa patrie, & il eust esté là plus legitime Seigneur que dans vn païs où il ne deuoit auoir aucune pretention. L'on feint qu'il suiuoit les ordonnances des destinees que les Deuins luy auoient aprises, mais s'il n'estoit pas le plus fort contre les peuples du Danube, comme il est à croire que sa troupe mal equipee & fatiguee de naufrages, n'auoit guere de pouuoir sur eux, les eust-il pu asseruir de leur bon gré en leur contant que c'estoit la volonté de ses Dieux? Ainsi l'on cognoist qu'il ne s'est point estably en ce pays-là, & que ses conquestes n'ont point esté iusqu'en la Gaule. Il y a des autheurs qui voyant bien que c'est vne folie de parler de ce Francus qui ne fut iamais, disent seulement que des Troyens fugitifs aborderent à vne emboucheure du Danube, & se logerent pres du riuage par la permission des habitans du pays, mais que petit à petit ils se rendirent les maistres, & de là se firent cognoistre dans l'Allemaigne, & apres dans la Gaule, mais encore surquoy fondent ils ces grandes auantures? Si les premiers François viennent de la contree où estoient les Sicambriens, pourquoy n'en ont ils pas pu venir tous, sans que l'on s'imagine qu'il falloit qu'il y eust des Troyens parmy eux ? Enfin i'ay tant cherché que i'ay veu d'où procedoit la folie de nos Historiens, quoy qu'ils ne l'ayent point monstré ouuertement. L'on treuue par tout que le pere de Pepin le vieil s'apelloit Ansigise, mais quelques-vns ont pensé qu'il s'apelloit Anchise, & voyant que c'estoit le nom du pere d'Enee, ils ont creu que c'estoit vn tesmoignage que nous descendions des Troyens. Ils ont songé aussi au nom de la capitale ville de France, & ont esté s'imaginer que l'on l'auoit bastie en memoire de Paris, Amant de la belle Heleine. Tout cela ne tire aucune consequence apres soy; car premierement il est certain que le pere de Pepin le vieil, ne s'apelloit point autrement qu'Ansigise, & pour le nom de la ville de Paris, ce n'est que depuis peu que l'on l'escrit & que l'on le prononce ainsi simplement, car dans les vieux Historiens Latins, ie le trouue de la sorte. *Parrhysiacus*, ou *Parrhysiacum*, ou bien, *Vrbs Parrhysiorum*, & puis au bout du compte quãd tous ces noms auroient du rapport auec ceux des Troyens, encore faudroit-il de plus fortes raisons pour nous prouuer que les François en sont descendus. Neantmoins Hunibaud & Triteme, ont composé beaucoup de fables sur ce suiect. Ils ont fait vne longue genealogie des Roys qui ont regné sur ces Troyens qui s'habituerẽt sur les riues du Danube, & se pousserent insensiblement iusques au riues du Rhim; mais il est facile d'en connoistre la fausseté; pour ce que nous n'auons aucun Historien digne de foy qui parle de cela, quoy que ce soient des choses que l'on ne pouuoit pas oublier si elles estoient aue-nües. Quelques vns des noms de ces Princes sont Troyens, comme Helenus, Priam & Anthenor, pour donner plus de couleur au men-songe, & les autres sont veritable-ment François, comme Clodo-mir, Childeric, & Clodion, faute de plus vray semblables : mais quoy qu'il y ayt encore parmy quelques noms des anciens Capi-taines de cette nation, qui se trouuent veritablement dedans l'Histoire Romaine, comme de Sunnon, Marcomir & autres, cela n'empesche pas que la tromperie n'y soit manifeste, car au lieu que les bons Autheurs n'en ont escrit que des choses incertaines qui sont espanduës çà & là dedãs leurs liures, ces nouueaux Chronologistes ont voulu tout recueillir, & y donner vne liaison par le moyen de quelques accidens imaginaires, où ils parlent aussi asseurement de la vie de tant de vieux guerriers, que s'ils en auoient esté les tesmoins. C'est vne imposture semblable à celle dont i'ay desia parlé touchant les anciens Roys des Gaules. Il est vray que tout ce que l'on raconte de ces Gaulois est pris de Berose de Chaldee, Autheur que l'on estime tres-ancien, mais les plus doctes asseurent que le liure qui porte auiourd'huy son nom, a esté contrefait. L'on n'adiouste pas plus de foy à ceux qui racontent l'origine des François, pour ce que ce sont des hommes fort grossiers, qui faute de trouuer la verité de ce qu'ils cherchoient, nous ont laissé des mensonges. Si l'on considere la vanité de toutes ces Histoires, l'on ne s'imaginera pas que ie sois obligé d'en raporter quelque chose au cõmencement de la mienne. Ie n'ay pas entrepris de repaistre de fables les Lecteurs, pour leur faire croire que i'ay de grandes recherches. I'ayme mieux leur dire franchement que l'on ne peut sçauoir qui estoiẽt les Roys des Gaulois auparauant que les Romains les eussent asseruis, & que si quelque liure les nomme, il n'est pas si ancien que l'autheur que l'on luy attribue. Pour les François qui se sont meslez auec les Gaulois afin d'establir ensemble la Monarchie dont i'ay dessein de parler, c'est vne impertinence de penser dire d'où ils sont venus sans y mâquer en aucune chose, & de nommer aussi leurs anciens Roys & declarer toutes leurs actions & la durée de leurs regnes, car estans des peuples ramassez de diuers lieux, leur Estat n'a pas tousiours subsisté, & si les vns ont suiuy vne guerre, les autres en ont suiuy vne autre. Que l'on s'estende si loin que l'on voudra, le peu que i'en dy dãs mon histoire est quasi tout ce que l'on peut apprendre d'eux, & quand l'on auroit leu les gros volumes qui en parlent, possible ne seroit-on pas plus satisfait. Il est vray que ie mets d'abord que cõme le monde a esté tiré de neant, ainsi les plus grands Estats ont des commencemens fort petits ou si peu connus que l'on ne les peut remarquer, & qu'il en est ainsi de la Monarchie Françoise. Mais c'est que i'entẽs que l'on ne peut pas sçauoir les noms de tous les grands Capitaines qui ont seruy Pharamond & son fils, ny qui estoient tous leurs predecesseurs. Pource qui est du reste l'on sçait bien que tous ces gens-là estoient des auanturiers ramassez, & cela nous doit suffire puis que la connoissance humaine ne peut aller plus auant. Que l'on cherche la plus-part des genealogies, il y a tousiours vn but qui nous arreste,

& l'on

& l'on trouue enfin quelque homme dont l'on ne sçauroit dire qui estoit le pere. Cela fait voir l'erreur de quelques-vns de nos Historiens, qui ont dit d'abord qu'il n'y a personne qui ayt esté assez curieux pour chercher au vray l'origine des François. Ils ne considerent pas que si l'on veut, l'on la trouue aussi clairement comme il est possible, & que quand il n'y auroit que cent ans qu'ils seroient en Gaule l'on ne pourroit dire autre chose d'eux que ce que i'en dy, lors que i'asseure que c'estoient des peuples qui venoient de diuers cantons de l'Allemagne. Ie pense qu'ils voudroient que l'on specifiast vne prouince dont ils vinssent tous; c'est estre merueilleusement obstiné. Pourquoy le dira-t'on si cela n'est point? D'vn autre costé veulent ils donc sçauoir de quel païs estoit chaque capitaine? ils voudroient apres sçauoir d'où estoit chaque soldat. Vne si grande curiosité ne peut estre assouuie, & d'ailleurs elle est inutile. L'origine des Fançois n'est connuë qu'à moictié, mais par maniere de dire c'est la connoistre assez que de sçauoir qu'elle est inconnuë. Afin qu'il n'y ait personne qui se mescontente, voyez que cela est esgal pour tous les Empires, & qu'il y a tousiours quelque obscurité où nostre enqueste s'arreste, & que l'on ne peut pas tousiours remonter d'vn homme à l'autre, tellement, qu'il n'est pas mal à propos de dire qu'il semble que tous les grands Estats soient faits de rien. Il faut remarquer dauantage que ce n'est pas sans quelque autre suject que ie commence mon liure par vne comparaison de la creation du monde. C'est qu'au commencement de toutes les Histoires des nations, l'on a coustume de parler de l'origine des choses, & de dire quelle a esté la naissance de ce grand corps, auant que de rapporter les diuers accidens de ses membres. Ie veux faire cela aussi bien que les autres, mais non pas auec vne exposition toute nuë. Afin qu'il ne semble point que i'imite personne, il m'a fulu vser d'vn attifice extraordinaire, & i'ay dit comme par accident ce que ie pouuois tousiours dire sans cela,

& le faire passer si i'eusse voulu pour vne chose necessaire; mais en effect si i'eusse commencé par vne moindre comparaison, cela n'eust pas eu beaucoup de grace, & i'eusse rabaissé la gloire de mon suject, car le Royaume de France peut bien estre comparé à l'Vniuers de qui cette contrée est vn abregé où toutes ses merueilles sont cõprises. Ie seray bien ayse que l'on considere ainsi tout ce que i'escriray, & que l'on regarde que i'estably quelque fois des raisons particulieres pour beaucoup de choses que plusieurs estimeroiẽt indifferentes. Mais pour retourner encore à nostre origine, ie me souuien que nous n'auõs que trop d'ignorãs qui en ont de sottes opiniõs. Quand ils lisent dãs quelque liure que les Fraçois viennent des Fracs, & les Fracs des Troyens, ils s'imaginet que tous les hommes qui sont en Frace sont descedus de cette race, come si Gaule eust esté deserte auparauant que ces peuples y vinssent habiter, & si la fertilité n'eust pas desia donné de l'enuie à d'autres. Il y en a qui se forgent encore cette pensée dedans leur bigearre cerueau, que possible sont-ils eux mesmes descendus en droite ligne du Roy Priam, ou tout au moins de quelque Capitaine Phrygié, ce qui les resiouyt merueilleusement quād ils y songent. Mais quand cela seroit que Francus auroit donné son nom aux Francs, & qu'il auroit amené les Troyens en Allemagne, il n'y en auroit pas eu si grand nombre que les Sicambriens, auec qui l'on dit qu'ils se meslerent, ne fussent dauantage, & puis les Francs qui estoient ces peuples mesmes reunis, treuuerent encore beaucoup d'habitans dans toute la Gaule qu'ils conquirent, si bien que leur armee n'estoit rien au prix, & l'on cognoist en cela l'erreur populaire qui a bon besoin de l'aduertissement que nous faisons pour estre corrigee. L'on peut dire seulement que les Roys de France sont venus de ces Frãcs, pour ce que les premiers Roys furent pris d'entre les principaux du peuple vainqueur. La faute la plus generale & qui ressemble à celle que nous auons dite, c'est que l'on croit encore que lors que ces peuples vindrent en Gaule, ils ne laisserent plus personne des leurs au pais dont ils sortoiēt, dautant que l'on void absolument dans les Historiens, que les Francs passerent le Rhin : mais c'est vn abus tres-euident, car il est croyable qu'vne infinité de vieillards, de femmes & d'enfans demeurerent à la maison, ne pouuans pas tous estre menez auec le bagage, & qu'outre cela plusieurs hommes courageux se pleurent tant au pais de leur naissance qu'ils ne le voulurent pas quiter, quoy qu'ils eussent aydé à la conqueste d'vn autre. Cela se void en ce que leurs marques demeurerent encore en Allemagne, car il y eut depuis vne prouince que l'on appella Franconie. Quelques ignorans font sortir les François de ce païs là, afin de nous apren-dre d'où vient leur nom, mais c'est la Franconie qui tire son nom du leur, & pour en mostrer la verité, l'on ne treuue dans aucun Histo-rien ce nom de Franconie, que depuis l'establissement du Roy-aume de France. Cette contree a pris ce nom, pour ce qu'il y eut des troupes de Francs qui s'y arre-sterent apres leurs diuers change-mens de demeure. Ceux qui font deriuer le nom de François de ce pays de Franconie ou du Troyen Francus, tombent en cette erreur, à cause qu'ils se figurent que ce mot à vne origine fort ancienne, & que mesme le peuple qui le porte a commencé de fonder son Estat bien tost apres le Deluge. L'on allegue Ciceron qui parle des Francons dans ses Epistres, & l'on pense qu'il entend par là les Francs ou les François, mais il est certain qu'il veut parler de quelques Capitaines qui s'appelloient ainsi. Comme en effect s'il y eust eu des peuples en Allemagne qui se fussent desia appellez de la sorte, Tacite qui a escrit depuis Ciceron, & qui auoit cognoissance de toutes les affaires du monde, ne les eust pas oubliez dans son Histoire & dans sa description de la Germanie. Il ne parle que des Cauces, des Cattes, des Vbiens, des Cherusces, des Sicambriens, & d'autres peuples semblables. Ie sçay bien qu'il y a eu des Autheurs modernes si effrontez que de dire, qu'il est vray qu'il n'y auoit en Allemagne que ces peuples que Tacite nomme, mais que de tout temps ils estoiét appellez Francs, ainsi que les Normands, les Picards, les Poiteuins, & les Gascons, sont tous auiourd'huy appellez François. Il n'est pas besoin de long discours pour refuter vne chose qui a si peu d'aparence. Il ne faut que dire qu'il n'est pas vray semblable que les noms particuliers ayent esté connus, & que le nom general ayt esté caché, ou bien que Tacite ayt commis ceste faute de ne point dire ce nom general s'il est ainsi qu'il l'ayt connu. Ce qui a possible troublé les esprits grossiers, c'est que l'on auouë que la pluspart de ces peuples d'Alemagne estás ramassez ont cõposé l'Estat des Francs ou François, & principalemẽt ceux qui se logerent en la Batauie qui est maintenant la Hollande: mais cela est arriué depuis Ciceron & Tacite, & ce fut alors que ces braues guerriers, ayans tous vn mesme dessein de s'agrandir aux despens de leurs voisins, s'auiserent aussi de porter tous vn mesme nom. Neantmoins ie ne veux pas rapporter cela au temps qu'ils se ioignirent aux Romains pour combattre Attila, comme ont fait quelques modernes. Ils se figurent qu'à cause que ces hommes genereux obligerent fort l'Empereur Valentinian, il leur permit de se loger où ils voudroient, & les affranchit de tous les tributs qu'il leuoit sur les autres peuples, & qu'en consideration de cela ils furent appellez Francs, mais c'est vne fausseté manifeste, car lon void ce nom de Franc dans toutes les Histoires precedentes, & d'vn autre costé c'est abaisser malicieusement la dignité de ce peuple qui s'estoit acquis la liberté il y auoit long-temps, & faisoit prosperer ses affaires sans en demander congé aux Romains. Il faut considerer icy que quelques-vns ne sont pas d'acord que le mot de Franc ayt signifié *Libre*, des le temps que ces peuples l'ont pris, mais que depuis il l'a signifié, pource que la liberté estoit cherie de ceux qui le portoient, & que c'est ainsi qu'vn homme qui se vante & qui a force hyperboles est appellé Rodomont à cause que ce Cheualier Payen auoit accoustumé d'en faire, encore que ce mot ne signifie pas de soy vn presomptueux ny vn superbe; mais cela nous importe fort peu, & toutesfois i'asseureray bien qu'il est croyable que dessors que les peuples de Batauie s'appellerent, *Francs*, ce mot signifioit libre, ou quelque chose de semblable, car pourquoy n'eussent-ils pas pris vn nom qui respondist à leur humeur, & quelle fantaisie eussét ils eu ẽd'en prendre vn indifferẽd ou qui ne signifiast rien du tout? Il faut faire encore vne remarque fort curieuse. Il y en a d'autres qui ayans trouué les fondateurs de la Monarchie Fraçoise, disent qu'ils s'appelloient Francs ou François sans rien determiner de l'vn ny de l'autre, & i'en sçay bien mesme qui ont esté si temeraires que d'asseurer qu'ils ont tousiours esté appellez François, aussi biẽ en Allemagne qu'en Gaule. Ils se fondẽt sur ce que Gregoire de Tours, & tous ceux qui ont escrit en Latin les appellent tousiours *Franci*, soit dans l'origine, soit dans l'establissement de leur plus haute fortune : mais il se faut representer que la langue Latine n'a que ce terme là qui luy soit propre pour exprimer le mot de Franc & celuy de Frãçois, de sorte qu'il sert pour tous les deux. I'ay tousiours bien iugé qu'encore que dés le temps de Clouis, le nom de François fust donné à tous ceux qui viuoient sous son regne, & à ceux qui auoient vescu sous celuy de son pere & de son ayeul, si est-ce que les ſuiets de Pharamond & de Clodio n'auoiẽt point eſté appellez autremẽt que Francs, & cela ſe connoiſt en ce que le mot de *Frãçois* eſt trop doux pour venir d'Allemagne. Celuy de *Franc* conuiẽt bien mieux à la langue Septentrionnale, & poſſible y mettoit-on alors vn K. à la fin au lieu d'vn C. L'on ne changea ce nom que lors que les peuples de delà le Rhim ſe meſlerent auec ceux qui habitoient le long de la Seine. Les Gaulois auoient beaucoup de Romains parmy eux, qui pour accommoder le mot de *Franc* à leur façon, diſoient *Franci*, & les vrays originaires du païs ſe cõformans à leur exemple, & ne pouuans auſſi prononcer ce premier nom qui eſtoit trop bruſque, s'acouſtumerent à dire *François*. Voyla l'opinion que ie tiendray lors que ie parleray de Merouëe, qui voulut que les Gaulois fussent vne mesme chose que les Francs. Ie pense que l'on se contentera de cette coiecture si croyable où person ne n'a encore touché; & pour les autres raisons que i'ay donnees sur toutes les difficultez qui se rencontrent icy, elles auroient bié peu de credit si elles ne faisoit mespriser rãt de resueries que l'on a publiees sur ce suiect. Voyla cõme ie veux faire maintenant des obseruations curieuses pour ne point laisser couler tant de particularitez dans mon Histoire. C'est assez d'y rapporter toutes les choses que l'on y peut desirer selon que ie les trouue certaines, sans m'amuser m'amuser à mille opinions diuerses. Ainsi ie n'entens pas raconter toutes les fables qui sont dans les autres liures. Il y en a qui ne les ont pas creuës, & qui n'ont pas laissé de les mettre, afin de les refuter, mais ce n'est pas là escrire l'Histoire; c'est faire des remarques ou des commentaires sur vne Histoire. Les differentes opinions ne se doiuent alleguer que lors qu'elles sont toutes fort vraysemblables, & encore faut il que ce soit en des lieux tres importans, car autremẽt l'on feroit vne confusion de narrations, & les liures paruiendroient à vne grosseur importune. Si mille & mille Autheurs ont voulu composer des Romans sur l'Histoire de France, qu'ay-je affaire de les transcrire mot a mot: ie n'en veux point parler du tout, car si i'en parlois ie serois obligé de donner des raisons contre ce qu'ils disent, & ce seroit amuser le Lecteur inutilement. L'on n'a pas besoin de sçauoir ce qui ne fut iamais. Ie fay voir assez que ie le condamne quand ie n'en parle point. Comme par exemple, ie ne dy pas d'abord en mon Histoire, que l'on a creu que les François estoient descendus des Troyens, & que cela est faux pour telles & telles raisons. Ie mesprise cette impertinence, & ie dy seulement la plus pure verité qui se puisse tirer de tous les liures qui furent iamais. Il suffit que dans cet Aduertissement i'en aye mostré ce qui m'en semble pour la satisfaction de tout le monde. Quand ie suis au mariage du Roy Childeric ie ne dy point que sa féme Basine estoit sorciere, & que la premiere nuict de leurs nopces elle le coniura de s'abstenir des caresses qui leur estoient permises, & le fit leuer du lict par trois diuerses fois pour aller regarder ce qui se passoit deuant son Palais, & qu'à la premiere fois il vid des lyons, des leopards, & des licornes, à la secode des loups & des ours, & à la derniere des chiens & des chats qui se dechiroient l'vn l'autre. L'on croid que par là elle luy voulut faire voir quels Princes sortiroiet de sa race, & que les premiers seroient tres-courageux, que ceux d'apres le seroient moins, & que les derniers degenereroient &

perdroient leur authorité par leur discorde. Ceux qui ont le iugemēt subtil se doutent bien que c'est là vne maniere de prophetie que l'on a voulu faire apres que la chose a esté arriuee, ainsi que l'on fait souuent pour amuser le peuple: mais ie n'oste pas seulemēt ce conte de l'Histoire, pour ce que l'ō l'estime fabuleux, c'est aussi pour ce que ie le treuue plein de niaiserie, & qu'il ne me semble pas mesme assez ingenieux pour vn Roman. L'on pourroit faire sur ce subject vne allegorie de beaucoup meilleure. Il seroit difficile de raporter le naturel des Roys Merouingiés à ceux de toutes ces bestes farouches, & pour ces petites bestes qui s'entrebattent ie ne sçay pourquoy l'on les cōpare aux derniers Roys, qui furent plus pacifiques que les premiers, & n'entreprirent aucune guerre. L'on me respondra que l'on veut parler de leurs Maires qui faisoient la guerre au lieu d'eux: mais puis qu'il est ainsi que ces Maires auoient autant de valeur & de courage que beaucoup de Roys qui auoient esté deuant eux, pourquoy les veut-on abaisser par des comparaisons indignes? Il faudroit trouuer icy vn plus beau raport, & voir la puissance des Maires, & la foiblesse de leurs Princes signifiees en quelque figure agreable. Au reste les bons Historiens n'auouent point que Basine fust sorciere, ny qu'elle ayt fait voir aucun enchantement à son mary. Ie veux reiettter aussi le conte que l'on a fait du Royaume d'Yuetot. L'on dit que Gautier seigneur d'Yuetot en Normandie, Chambellan du Roy Clotaire, premier de ce nom, posseda vn peu de tẽps les bonnes graces de son maistre, mais qu'enfin de si fortes calomnies firent changer sa fortune, qu'il fut contraint de s'en aller à la guerre contre les Infideles pour euiter la colere du Roy. Dix ans apres ayant desir de reuoir sa patrie, il obtint lettres du Pape Agapet, par lesquelles Clotaire estoit coniuré de luy pardonner, S'asseurant là dessus il vint trouuer le Roy dans vne Eglise le iour du Vendredy Sainct, & luy presenta la lettre. Le Roy ne le reconnoissoit plus à cause de sa longue absence, mais la lettre luy aprenant que c'estoit Gautier, il entra en vne telle fureur, qu'il prit le baston de l'vn de ses gardes, & le tua sur la place. Cette cruauté estant racontee au Pape, il escriuit au Roy Clotaire qu'il deuoit faire penitence de son crime, & faire vne reparatiõ enuers les heritiers du deffunct, ou bien qu'il seroit excomunié. Le Roy erigea alors la seigneurie de Gautier en Royaume, pour vne satisfaction temporelle. S'il y a quelque verité en cecy, c'est que la terre d'Yuetot est vne souueraineté, cõme il y en peut encore auoir d'autres qui sont enfermees dans la Frãce, & les hommes simples voyant cela se sont imaginé que c'estoit vn Royaume, & comme ils n'ont pu sçauoir pour quel suiect il ne releuoit point du Roy, ils ont cru que c'estoit pour quelque occasion extraordinaire, & là dessus ils en ont forgé vne la plus vray-semblable qu'ils ont pu trouuer. Neantmoins il y a ce défaut qu'Agapet n'estoit pas encore Pape au temps que l'on dit que cela fut fait, & puis cela n'estant remarqué que par Guaguin & Nicole Gilles, qui viuoient sous Charles VIII. & Louys XII. ils ne sont pas receuables à escrire vne chose si esloignée, ioinct que pour monstrer la fausseté de cette Histoire, il y en a qui la raportent autrement, & qui disent que le Roy auoit violé la femme de Gautier, & que ce fut le Pape Eugene qui le condamna à en faire reparation. Ie n'allegue mesme icy tant de fables, que pour monstrer que si ie ne raconte pas tout ce qui se dit de nos Roys, ce n'est pas que i'en aye oublié quelque chose, mais c'est que ie choisy seulement ce que l'on en doit dire. Il en est ainsi du songe de Gontran, dont ie ne veux encore parler qu'en ce lieu-cy. Quelques-vns ont dit que ce Roy estant vn iour lassé du trauail de la chasse, se coucha pres d'vn petit ruisseau où il s'endormit. Tandis qu'il dormoit il luy sortit de la bouche vne petite beste inconnue qui s'estant glissee iusqu'à l'eau, auoit beaucoup de peine à trouuer passage. L'Escuyer du Roy qui estoit present, se voulant donner le plaisir de sçauoir ce qu'elle deuiendroit, mit son espee de trauers sur le ruiſſeau, de ſorte que la beſte paſſa par deſſus, & s'alla cacher dans vn petit trou qui eſtoit au pied d'vne montagne prochaine. Au ſortir delà l'Eſcuyer luy ayant encore preſenté l'eſpée, elle y repaſſa & ſe retira dans la bouche de Gontran. Ce Roy s'eſtant apres eſueillé dit à ſon Eſcuyer qu'il auoit eu vn ſonge eſtrange, & qu'il s'imaginoit de trauerſer vne riuiere ſur vn pont d'acier, & que delà il eſtoit entré en vne grotte où il auoit trouué des threſors ineſtimables. L'Eſcuyer raconta auſſi ce qu'il auoit veu, & toutes ces choſes ayans du raport enſemble, les ſçauans du ſiecle iugerent que c'eſtoit l'ame de Gontran qui luy eſtoit ſortie de la bouche, & qui auoit trouué paſſage ſur l'eſpée qui estoit le pont d'acier, tellement que l'on fut d'auis de faire fouiller à l'endroit de la montagne où elle auoit entré pour y chercher les thresors qu'elle y auoit veus; Gontran ne manqua pas d'y faire trauailler, & l'on y trouua tant de richesses, à ce que l'on dit, qu'il y en eut assez pour faire bastir plusieurs Monasteres que ce Roy vouloit fonder dedans la Bourgongne. Il y a bien icy de l'absurdité, car ceste beste ne pouuoit pas estre l'ame de Gontran, puisque l'ame est vne substance inuisible, & qu'elle ne se separe iamais du corps pour y reuenir. L'on peut dire que c'estoit le demon de ce Prince qui auoit emprunté quelque forme de beste pour se faire voir, & si l'on obiecte à cela qu'il ſe pouuoit tranſporter en vn moment d'vn lieu à l'autre ſans chercher vn paſſage pour trauerſer vn ruiſſeau, il faut reſpondre qu'il ne ſe vouloit pas ſeruir de ſon agilité naturelle, à cauſe qu'il auoit deſſein de ſe faire remarquer, ayant auſſi donné au meſme temps à Gontran vn ſonge ſemblable à ce qu'il faiſoit pour luy, afin de l'aduertir que s'il ſçauoit iouyr de l'occaſion, il ſe pourroit faire extremement riche. Mais i'auoüe que c'eſt chercher icy de belles imaginations pour ſouſtenir vn conte que les hommes de bon iugement tiennent pour fabuleux. Au reſte quand cette belle auanture ſeroit vraye, ie ne ſerois pas obligé de la mettre dans mon liure ſi ie voulois m'en exempter, car elle n'appartient guere à l'Histoire de nostre Monarchie. I'ay dit ce qui me sembloit de tant de choses estranges. Parlons à cette heure des miracles que l'on dit estre venus de Dieu immediatement ou de ses Saincts. Nous ne demandons pas s'il s'en peut faire. Il n'y a que les Heretiques & les Athées qui en soiët en doute. Nous voulons sçauoir seulement si l'on est obligé d'escrire ceux qui sẽblent auoir esté inuentez. Pour ceux qui ont quelque apparence, ie n'aurois garde de les oublier, & d'oster vn si grand ornemẽt de nostre Histoire où il faut reconnoistre la grace que Dieu a faite à nos Roys; mais s'il y en a qui ne soyent pas de grande edification, & qui donnent du scrupule aux bones ames, ie ne craint point de confesser que ie prendray la licence de m'en taire, ou de n'en dire que ce qui sera de besoin. C'est rendre les effects miraculeux contemptibles, que de se les imaginer si frequens, & si les liures d'vn Historien en sont remplis sans qu'il ayt de bons tesmoignages, l'on croid qu'il veut imiter les Metamorphoses d'Ouide & la Theogonie d'Hesiode, & faire le Payen dans le Christianisme. Les François tirent beaucoup de gloire de la saincte Ampoulle, & de l'escu d'azur semé de fleurs de Lys. C'est de cela qu'il ne faut pas oublier de parler; c'est vne chose trop remarquable pour la passer sous silence: mais ie ne seray pas si hardy que d'asseurer que l'Ampoulle ayt esté aportée du Ciel par vn pigeon blanc, qui estoit la figure du sainct Esprit, ny que l'escu ayt esté aussi apporté par vn Ange. Ie ne sçaurois tirer cette chose que de quelques legendes que l'on a faites depuis peu, ou de nostre Aymoinus, qui a esté le premier qui l'a dit. Gregoire de Tours qui viuoit bien long-temps auparauant luy, & qui nasquit sous le regne des enfans de Clouis, n'en parle en façon du monde, encore qu'il n'oublie rien de tout ce qui concerne la pieté. C'est vn autheur si venerable qu'il le faut suiure en ce qui est des affaires qui estoient si proches de son siecle, & qui ne luy pouuoient pas estre cachees. D'ailleurs pour ce qui est de l'escu que l'on dit auoir esté apporté par vn Ange, ie voy fort peu de personnes qui le croyent, d'autant qu'vn blason d'armoiries n'est pas si grãd' chose qu'il ayt falu que l'vn des messagers celestes soit descendu en terre pour l'aporter. Cela n'importe guere au salut des hommes. Il se peut faire que ceux qui l'ont dit les premiers eussent esté creus dauantage s'ils eussent dit qu'vn Ange eust apporté du remede à quelque malade, ou plustost eust donné de la consolation à quelque affligé. Auec tout cela l'incertitude des Autheurs nous fait entrer en doute. Les vns tiennent que l'Ange aporta vn escu qui deuoit estre de bois, ou de quelque autre matiere solide, comme ceux que portoiẽt les Cheualiers, & les autres

autres disent que c'estoit vne banniere ou vne enseigne, où les fleurs de lys estoiẽt peintes & que c'estoit celle que depuis l'õ a portee en guerre, & que l'on appelloit l'Oriflãme. Ie ne veux dire de cela que ce qui m'a semblé le plus vray. Il se peut bien faire qu'en ce temps là Clouis eut vn escu où il y auoit d'autres armes que celles de ses predecesseurs, cõme ie le racõte aussi auec des obseruatiõs assez rares; mais pour l'Oriflamme, que quelques Roys ont esté querir à sainct Denis, quand ils ont eu des guerres d'importance, ce n'a esté que long-temps depuis qu'elle a esté faicte, & neantmoins pour ce que l'õ n'a point remarqué celuy qui là fit faire, comme l'on ne pouuoit penetrer dans les tenebres de cette antiquité, l'on a cru qu'elle auoit esté enuoyee à Clouis, puis qu'elle auoit les fleurs de lys pour marque, & qu'il faloit bien aussi qu'elle fust venuë du Ciel, puis que l'on en faisoit tant d'estime. Ie parle de cecy plus librement que de la saincte Ampoulle, de qui l'on soustient bien plus fort l'origine miraculeuse. Toutesfois i'auoüray bien que posé le cas qu'elle ne fust point venuë du Ciel, elle ne laisse pas d'estre venerable. C'est vne grande faueur si Dieu a enuoyé vne huyle pour sacrer nos Roys, mais ce n'est pas peu aussi pour nous, s'il a voulu que celle qui fut donnee de la main de sainct Remy, serue tousiours à cet effect. Elle est d'assez grand prix, puis qu'elle a esté sacree par vn Euesque & par vn sainct. Quand ce seroit ma seule opinion, ie ne serois point blasmable, puis que l'on ne commet rien en cela contre l'honneur de Dieu & des Roys. Pour ce qui est de beaucoup d'autres choses qui ne sont pas de si grande importance, & qui ne sont pas creuës vniuersellement, ie n'en diray riẽ dans mon Histoire. Ie me tairay par exemple de ce que l'on raconte du fils de Dagobert, qui lors que S. Amand le baptisoit respondist *Amen*, bien qu'il ne fust agé que d'vn mois. Les Historiens disent que la presse estoit si grande que le Clerc de l'Eglise ne pouuoit passer; mais ceux qui estoient les premiers auprés de l'Euesque, ne pouuoient-ils pas respondre au lieu de luy? Cette circonstance ne sert point à rendre le conte plus vray-semblable, & nos Autheurs n'ont pas fait beaucoup de l'auoir inuentee. Que si le vulgaire a eu quelque suject de croire cecy, c'est qu'il arriua possible que ce petit enfant fit quelque cry confus à l'heure qu'il faloit dire, *Amen*, tellement que l'on s'imagina qu'il le disoit, ayant quasi rendu le mesme son, & il peut arriuer tous les iours vne rencontre semblable. Mais il est vray que d'ailleurs ces bonnes gens vouloient peut-estre encore treuuer icy ce beau rapport, qui est que le Prelat qui le baptisoit s'appelloit Amand, & qu'il sembloit aussi qu'il le voulust nommer, pour mõstrer l'honneur que l'on luy deuoit porter à cause de sa saincteté, puis que la premiere parole que disoit vn enfant, c'estoit pour parler de luy. Toutesfois puis que cette raison ne vient que de moy, & que l'on en pourroit encore trouuer d'autres qui sembleroiét plus fortes pour des choses qui ne seroient pas pourtant veritables, il faut conclurre que l'on ne doit adiouster foy qu'aux vrays miracles que l'Eglise a receus, & non pas à ceux que la populace a inuentez. L'on en raconte aussi d'autres que l'on dit estre arriuez en consideration de Dagobert, desquels il faut chercher la verité. L'on dit qu'apres qu'il eut coupé la barbe à son gouuerneur, comme il estoit encore fort ieune, il voulut euiter la fureur de ſon pere, & ne treuua point de meilleure retraitte que dans vne petite chapelle qui eſtoit prez de Paris. C'eſtoit à cauſe qu'il ſe ſouuenoit qu'eſtãt à la chaſſe peu de iours auparauãt, le cerf qu'il pourſuiuoit s'eſtoit ſauué au meſme endroit, & ſes chiens n'y auoiẽt iamais pu entrer. Il iugeoit que c'eſtoit là vn azile plus aſſeuré que tous les autres, pour tous les miſerables. Comme de fait, lors que les officiers de ſon pere le chercherent de toutes pars, ils tournerent bien aux enuirons de ce lieu, mais ils n'y purent iamais entrer, de meſme que s'ils euſſent eſté repouſſez par quelqu'vn, & Clotaire voulant ſçauoir ſi cela eſtoit vray, fut repouſſé comme les autres, tellement que ſon fils ne ſortit que quand il luy plut, & quand sa faute luy fut pardonnée. L'on dit outre cela que Dagobert s'endormit lors qu'il estoit dās la Chapelle, & qu'vn venerable personnage s'aparut à luy en songe, & l'aduertit que le corps de sainct Denis estoit enterré en ce lieu auec ceux de Rustic & d'Eleuthere, deux autres martyrs, ausquels s'il vouloit donner vne sepulture plus honorable, il luy promettoit de le deliurer, non seulement du peril ou il estoit pour le present, & de le faire viure vn iour heureusement au trosne de son pere, mais aussi de le deliurer enfin des peines d'enfer. Voyla comme l'on raconte tout cecy, mais il y en a beaucoup qui ne peuuent croire ces merueilles, & ils en donnent de telles raiſons. Premierement ils ne s'imaginent pas qu'vn cerf s'eſtant ſauué dans cet Oratoire, Dieu ayt eu le ſoin de le conſeruer & de garder que les chiens n'entraſſent pour le mettre aux abbois. Ils ne trouuent point à propos qu'il ſe faſſe des miracles pour les beſtes: mais ils ſe doiuent repreſenter que ſi cela auint, ce ne fut qu'en conſideration des hommes, & ſpecialement de Dagobert, & que ce fut là vn commencement pour luy imprimer dans l'eſprit quelque reſpect des choſes ſainctes, & le diſpoſer à prendre vn iour ce lieu pour refuge. Il ne faut pas auſſi s'eſtonner ſi les gens de ſon pere n'y purent entrer, & s'ils treuuoient là comme vne barriere, car outre que Dagobert deuoit voir vne preuue de la seureté qui luy auoit esté promise, il ne faloit point que la saincteté de ce lieu fust prophanee par aucune violence. Mais l'on me dira vne autre raison assez forte pour faire reuoquer cecy en doute. Les Historiens ne disent pas mesme que les officiers du Roy pussent aller iusqu'à la porte de la Chapelle ; ils disent qu'ils n'en purent aprocher que d'vn quart de lieuë ny Clotaire non plus. Comment est-ce donc que que l'on descouurit le lieu où estoit Dagobert, & comment est-ce que son pere luy put promettre de si loin de luy pardonner au cas qu'il sortist librement. L'on dit que c'est en examinant ainsi toutes les particularitez d'vne narration que l'on recognoist s'il y a de la fausseté; Et toutefois l'on peut encore icy euiter les contradictiós si l'on presupose que Clotaire voyant qu'il ne pouuoit passer, iugea qu'il y auoit quelque chose de diuin qui l'en empeschoit, & que là dessus il n'osa persister dauantage au desir de punir son fils, tellement que Dieu luy permit enfin de passer outre, & d'aller iusqu'au prez de la Chappelle, ou il vid Dagobert & luy pardonna. Les Autheurs ne sont pas pourtant excusables de n'auoir point dit ces choses afin de se mettre hors de censure, & de nous tirer aussi de peine: mais l'estrange auanture de ces hommes qui ne pouuoient aller en auant, sans rien voir qui les repouſſaſt, n'eſt pas ce que i'y treuuue à redire, ny ie ne m'eſtonne point non plus qu'vn Saint ayt donné conſeil à vn Prince d'oſter ſes reliques de deſſous vne tumbe commune & de les mettre en honneur. Nous tenons en noſtre religion que bien que ceux qui ſont ſauuez n'ayent point de ſoucy que leurs os ſoiét enfermez dans terre ou dans vne chaſſe d'or ou d'argent, Dieu permet qu'ils ſoient gardez en vn lieu honorable pour la conſolation de ceux qui viuent encore, & afin que voyant comme vne ombre de la felicité des Saints, l'on ſe ſouuiennent perpetuellement de leurs merites, & l'on taſche de les imiter pour iouyr d'vne ſemblable gloire. Ie me voudrois fonder en raiſon, & ſi ie reprenois quelque choſe, ce ſeroit en ce que les Autheurs qui parlent de cecy diſent que Dagobert fut aduerty en ſonge, que le corps de ſainct Denys eſtoit enterré dans cette petite Chapelle, comme ſi c'euſt eſté vne choſe inconnuë, & cependant Gregoire de Tours qui eſt plus ancien qu'Aymoinus qui a mis cecy en auant, raconte que du regne de Chilperic il arriua qu'vn homme de Paris ſe plaignit de la mauuaiſe vie de ſa fẽme, & fut declarer à ſon pere qu'elle eſtoit digne de mort, & que le pere s'offrit de iurer ſur le tombeau de S. Denys qu'il n'auoit iamais reconnu de mal en elle. Les parens s'eſtans aſſemblez dans la Chapelle de ce ſainct Martyr, il fit tous les sermens qui estoient requis, mais les autres protesterent qu'il parloit contre sa conscience, & la contestation fut telle qu'ils vinrent à se battre, & l'on dóna tãt de coups de traict & de coups d'espee que le tombeau du Sainct fut ensanglanté, dequoy l'Euesque fit de grandes informations, pource que l'on auoit violé la saincteté de ce lieu. L'on void en cela que ce n'estoit pas depuis le songe de Dagobert que l'on sçauoit où le corps de Sainct Denys estoit enterré. Nous ne prendrons point vn autre lieu pour cestuy-cy, car Gregoire monstre que ce tóbeau estoit dans vne Chapelle, & il met le Sainct au nombre des Martyrs. Depuis qu'il y auoit des Chrestiẽs à Paris l'on reueroit ce lieu sacré, de ſorte qu'il ſemble qu'il n'eſtoit pas beſoin que Dagobert fuſt aduerty des reliques miraculeuſes qui y repoſoient : Et vn homme poinctilleux adiouſteroit encore pource qui eſt du Cerf qui y trouua depuis vn azile tres-aſſeuré, qu'il n'eſt pas croyableque ce lieu n'ayt pû eſtre violé par des Chaſſeurs, puis que la Diuinité auoit bien ſouffert qu'il le fuſt par des homicides : mais c'eſt vouloir penetrer dedans les ſecrets de Dieu quifait toutes choſes pour des raiſons que noſtre foibleſſe ne peut comprendre. Nous pouuons meſme reſpondre que poſſible Dagobert n'auoit pas encore eſté aſſez deuot pour s'informer de tout ce qui concernoit cette Chapelle, & qu'il ne luy arriua rien que pour luy persuader dauantage de mettre en honneur les reliques des Saincts. Quant aux discours que luy tint le personnage qui se presenta à luy, il est vray que l'on ne les approuue guere ; car l'on dit qu'il luy promettoit de le sauuer de la fureur de Clotaire & de l'éspescher d'estre damné, à la charge qu'il feroit mettre en vn lieu plus somptueux les corps des Martyrs qui estoient là enterrez. Il semble en cela que les Saincts ayent desiré cette pompe, & l'on trouueroit estrange s'ils faisoient ainsi des marchez, & s'ils ne vouloient secourir vn homme qu'à condition qu'il feroit honorer leurs reliques. D'ailleurs l'on considere que ce n'est pas assez pour sauuer vn homme des peines d'ẽfer que d'auoir fait bastir de superbes Eglises s'il n'a aussi vescu vertueusement, de sorte que Sainct Denys & ses compagnons ne pouuoient pas faire aller Dagobert en Paradis pour ce seul sujet. Mais l'on se peut eschapper en disant que ce ne sont pas les propres termes de la promesse que la vision fit à ce Prince, & que les Historiens de son temps qui estoient des gens simples les ont accommodez selon leur sens. Ie deffends icy ce miracle autant comme il se peut, & neantmoins l'on ne le veut pas encore admettre à cause que l'on en a raconté d'autres en suitte qui sont manifestement faux. Pour ce qu'ils dependent des premiers, ils semblent monstrer que tout cela n'est que l'inuention d'vne mesme

meſme ceruelle. L'on dit que Dagobert eſtant mort vn certain Moyne eut vne telle viſion ſur l'eſtat de ſó ame. Il luy ſembla qu'il voyoit vne troupe de Diables qui tenoient ce pauure Roy enchaiſné dans vne barque, & le faiſant voguer ſur vne mer pleine d'orages, diſoient qu'ils le vouloient mener boüillir dans la chaudiere de Vulcan, mais que ſaint Denys, ſainct Ruſtic & ſainct Eleuthere, & pluſieurs autres ſaincts qu'il auoit honorez le vindrent tirer de leurs griffes & l'enleuerent au Ciel. C'eſt là que les Autheurs pretendent que ſainct Denis s'aquita de la promeſſe qu'il luy auoit faite de le ſauuer, pource qu'en effect il luy auoit dedié vne ſomptueuſe Egliſe. Il faut auoir bien peu d'esprit pour croire cela, car nous tenons tous que dés qu'vn homme est mort, il est iugé de Dieu, & qu'il ne se fait point vn long procez entre les Anges & les Diables deuant le supreme throsne, comme quelques idiots ont pensé. D'ailleurs quels sont les crimes si enormes que l'on impute à Dagobert ? Ce ne sont pas ses paillardises encore qu'elles ayent esté fort grandes. C'est qu'il auoit mis dans l'Eglise de sainct Denys des reliques qu'il auoit tirées de quelques autres. L'on feint que Sainct Hilaire & sainct Fremin estoient ceux qui l'accusoiét, à cause que c'estoit leurs os qu'il auoit transportez, mais l'on n'aduoüera pas que les Saincts se mettent en peine pour tout cecy. Au reste de dire que cette pauure ame estoit menée en enfer dans vne barque, & que l'on la deuoit ietter dans la chaudiere de Vulcan, c'est vne fiction ridicule qui ressemble aux fables des Poëtes. Neantmoins l'õ void vne figure de tout cela au tõbeau de Dagobert, mais ie ne croy pas qu'elle ayt esté faite du viuãt du Roy Clouis second son fils qui ne l'eust pas souffert. Elle n'a esté faite que fort long temps apres, & possible alors que l'Eglise a este rebastie; Car il faut sçauoir qu'elle n'est pas toute telle que Dagobert la fit faire. L'on croyoit en ce tẽps-là vne chose que l'on sçauoit par traditiõ, & l'õ ne s'imaginoit pas q̃ persõne eust la hardiesse de riẽ inuẽter en ce qui estoit des choses diuines. L'on ne se peut riẽ imaginer pour deffẽdre cecy, sinõ q̃ ce n'est pas que veritablement quelques Saincts ayent eu debat contre les Diables à qui perdroit ou à qui sçauueroit Dagobert, & que mesme il y ayt eu d'autres Saincts qui ayent esté contre luy, mais que c'est vne chose mystique. C'est ce que l'on en peut dire de mieux; & pour ne point sortir de nostre suiet il faut encore raporter ce que l'on escrit pour le plus grand miracle qui ayt esté fait en consideration de l'Eglise de sainct Denys. La veille du iour que l'on la deuoit dedier vn pauure ladre eut tant de desir de voir cette ceremonie qu'il s'y cacha en vn coin pour retenir sa place, sçachãt bien que l'on ne le laisseroit pas entrer. Estant enfermé dedans il vid arriuer nostre Seigneur Iesus-Christ accópagné de ses Apostres, & du chœur des Anges & des Martyrs lequel accóplit les ceremonies de la consecration. Il vint apres à cet homme, & luy dit qu'il aduertist les Prelats qu'il n'estoit plus besoin de consacrer cette Eglise, & afin qu'ils adioustassent foy à ce qu'il leur raporteroit, il le toucha de sa main & le guerit entieremẽt, luy ostant sa peau infectée pour luy en redonner vne autre toute saine. Or si quelqu'vn ne croit pas que la dedicace d'vne Eglise ayt esté capable de faire descendre le Fils de Dieu visiblement en terre, ie ne veux pas faire partie auecque luy pour combattre toute l'antiquité. L'on me dira que les Moynes ont voulu persuader qu'ils s'est fait plusieurs miracles à l'origine de leurs Eglises pour les rendre plus illustres, mais ie me contente de ne les escrire point sans parler absolument au contraire. Chacun ne treuue pas bon que l'on refute ce que le peuple croid pieusement. Pierre Abeillard fut mesme excommunié autrefois pour auoir soustenu que ce n'estoient pas les reliques de sainct Denis Areopagyte qui estoient en France, mais celles d'vn autre Sainct du mesme nom qui auoit esté Euesque de Paris. Pour moy ie ne rejette que les choses indifferentes que la plus-part du monde mesprise aussi, & s'il y a du danger de s'opiniastrer contre quelques autres, il se rencontre qu'elles ne seroient pas necessaires dãs mon liure, quand elles seroient indubitables. Toutefois s'il y a des hommes assez extrauagans pour n'estre point encore satisfaicts de ma modestie, ie leur declareray hardiment que ie ne veux estre ny superstitieux ny libertin, & que ie sçay bien que c'est vne faute aussi grande de croire indifferemment toute sorte de miracles que de n'en croire point du tout. Au reste la mesme Loy qui nous deffend d'en inuenter, nous deffend aussi d'escrire ceux qu'vn autre à inuentez, principalement s'ils sont ridicules, & s'ils n'ont rien qui ayt pû reüssir au salut du peuple fidelle. Les anciens ont voulu quelquesfois establir la religion par des fictions, mais auiourd'huy que le monde est desniaysé, les Catholiques acquierét plus de honte que de gloire, s'ils publient des absurditez incroyables, & cela sert plustost pour aprester à rire aux Heretiques que pour les conuertir. Il me peut bien estre permis d'oster de nostre Histoire quelques faux miracles s'il s'y en trouue, veu que l'on m'en donne l'exemple en la vie des Saincts, dont l'on retranche petit à petit ceux qui n'ont pas de bonnes authoritez. L'on n'a point de droict de quereller vn homme là dessus pourueu qu'il laisse toutes ces choses sans en faire bruit, & qu'il ne fasse pas comme les Impies, qui ne les reiettent qu'auec des mesdisāces & des railleries scandaleuses. Ie veux bien que l'on sçache encore que lors que ie viendray à Charlemagne ie ne suiuray pas toutes les fables que l'on en raconte: La Cronique que l'on attribuë à Turpin est supposée; Ce sage prelat n'eust eu garde d'escrire les follies que l'on y trouue : car il y a mesme des amours & d'autres bigearreries ainsi que dans tous les Romans ordinaires. Que si l'on y a voulu mettre de la pieté en quelques endroicts, cela n'est point faict iudicieusement; comme par exemple l'on y treuue que sainct Iacques s'aparut à Charlemagne pour luy persuader d'aller en Galice mettre son tombeau hors du pouuoir des infidelles, & que la blancheur qui paroissoit au Ciel du costé de l'Espagne luy seruiroit de guide; de sorte que les Chrestiens ont appellé le chemin sainct Iacques, ce que les Payens appelloient le chemin de laict. Il n'estoit pas besoin de cette adresse pour vne terre si connuë, & l'on en a bien de plus certaines que celle-là qui est trop esleuee au dessus des hommes. L'on n'adiouste pas de foy non plus à la venue d'Aigoland Roy Affriquain qui enuoya cent Sarrasins contre cent Chrestiens, & puis deux cent, & puis mille, & qui ayant promis de se faire Chrestien se voulut desdire pource qu'ayant esté au camp du Roy de France, il y trouua des pauures mal vestus & mal nourris, lesquels Charlemagne appelloit les messagers de Dieu. Il dit qu'il ne vouloit point estre d'vne Religion où l'on tenoit moins de cōpte des seruiteurs de Dieu que des siens. Ce discours est impertinent, car s'il se fust fait Chrestien il eust pu honoret les pauures dauantage que les autres, s'il en eust eu enuie: mais ce n'est pas tout, l'on n'acorde pas que Charlemaigne ayt iamais mesprisé les pauures; au contraire l'on trouue dans l'Histoire de sa vie, qu'il en faisoit nourrir quelques-vns de mesmes viandes que les siennes. Il n'y a point d'aparence à tout ce qui se dit encore du geant Ferragut, qui emportoit les Cheualiers comme vn gros oyseau emporte vne mouche, & qui estoit invulnerable par tout excepté au nombril où Roland s'auisa de luy donner vn coup d'espee. Cette fiction est fort aysee à cognoistre. Pource qui est de la trahison de Ganelon qui auoit esté enuoyé aux Roys Sarrasins pour traiter de paix, & qui leur aprist en quel endroict ils pourroient deffaire l'ariere garde de l'armee Françoise, il n'y a personne qui ne croye tout ce que l'on en dit, à cause que cette opinion s'est fortifiee à la logue parmy le peuple; Toutesfois ie ne veux rien asseurer de cela, puisque i'ay apris qu'il n'y auoit point de Ganelon sous Charlemagne. Il ne viuoit que sous le regne de Charles le Chauue son petit fils; mais pource que les Autheurs des Romans n'auoient qu'vne science confuse de l'Histoire côme ignorans qu'ils estoient, ayant ouy parler d'vn Ganelon ou Guenilon qui de faict estoit vn traistre, ils le mirent du tẽps de Roland, & voulurent faire croire que ce Cheualier auoit esté surpris par sa meschanceté. Il y a aussi dans leuts liures que Roland sonna du cor pour aduertir le Roy de son desastre, & que l'on l'entendit à sept lieuës de là, & que s'estant rompu vne veyne par cet effort, & mourant de soif, il voulut rompre son espee Durandal, de peur qu'elle ne tombast aux mains de ses ennemis; mais qu'ayant entamé vne pierre fort auant sans que la lame eust aucune bresche, il luy falut mourir auec ce regret de la laisser entiere. Tout cela n'est point vraysemblable. Le son d'vn cor ne peut estre porté si loin, car quelque forte voix qu'ayt vn homme, il ne fait pas esleuer le son dauantage que la capacité du cor; & l'on ne trouue point que cettuy-là fust d'vne prodigieuse grandeur. Quand à ce que Roland vouloit faire de son espee, il a esté malaisé d'en iuger, puis que l'on dit qu'il estoit seul au lieu où il mourut, si ce n'est que l'on ayt pris garde à quelques escailles de la pierre, mais les Autheurs fabuleux n'ont pas assez d'inuention pour le dire. Parmy tout cela Roland & quelques autres Cheualiers sont appellez Pairs de France, & les faiseurs de Romans s'imaginent que Charlemagne les institua au nombre de douze; mais si Eginhart qui estoit le Secretaire de ce grand Roy, n'en parle point dans sa vie, ie n'aurois pas beaucoup de raison de l'escrire comme vne chose indubitable. Il y a possible encore d'autres fables qui n'auront point de lieu dans mon Histoire, & il ne leur en faut pas donner icy non plus, ny a tant d'impostures que les Historiens passionnez ont escrites. Ceux qui ont fait les meilleures remarques sur les affaires de la France les ont tousiours condamnees entierement, de sorte que cela peut satisfaire les curieux qui ne voyent icy que les obseruations les plus signalees. Ie veux dire encore seulement que si ie puis paruenir aux actions de sainct Louys, ie ne seray pas de l'opinion de ceux qui asseurent qu'il laissa le sainct Sacrement en depost aux Sarrazins ne pouuant payer sa rançon entiere, & que l'on en voi d des marques aux tapis d'Egypte qui ont la figure d'vne Hostie, que depuis ces barbares y ont tousiours voulu mettre par brauade. Cette preuue n'est guere forte, car il faut croire que s'il y a quelque rond blanc ou d'autre couleur en ces tapis, cela n'a esté fait que par hazard auec les autres diuersitez dont l'on les embellit. Quoy que i'aye dit que les Autheurs modernes qui ont voulu faire l'Histoire generale, ne nous ont donné que des matieres d'Histoire, ie n'ay pas entendu qu'il se falust former dessus eux, que lors qu'ils ne disent rien contre les veritez qui se peuuent trouuer dedans les originaux; de sorte que si des stupides qui n'ont leu que les liures de ce siecle, me viennent reprocher que ie change toute l'Histoire de la Monarchie, à cause qu'ils ne l'ont ne l'ont iamais veuë de la sorte que ie l'escriray. Ie n'ay qu'à respondre qu'ils se trompent, & que ce sont leurs Autheurs qui ont peruerty toutes choses, mais que pour moy i'ay recours à nos premiers historiens, & que ie remonte à la source lors que les ruisseaux sont troublez. I'ay desduit quelques accidens dont ie ne diray rien, & d'autres dont ie ne parleray que fort peu, parce qu'ils me semblent incroyables; mais il y a encore des choses que ie n'escriray pas comme ie les treuue, à cause que l'on les a renduës extremement niaises. Nos Autheurs disent que Louys le debonnaire estoit si modeste que s'il estoit forcé de rire quand il voyoit iouer des farces, il rioit sans mostrer ses dents; encore qu'il les eust fort blanches; comme s'il y auoit des hommes si sots que de monstrer leurs dents en riant par vanité. Considerez, Lecteurs, si vn homme peut estre estimé docte apres auoir fait de telles obseruations; il n'y a si petit esprit qui ne iuge que ie les doy bannir de mes ouurages. Quant aux choses inutiles que l'on treuue dans les Histoires les plus connuës, ie n'y perdray point aussi de temps. Ie ne mettray pas tout ce qui est arriué durant le regne d'vn Prince; car quand ce seroit quelque crime notable, ou quelque action aussi loüable qu'extraordinaire, tout cela ne doit point auoir de lieu, si cela n'est attaché aux affaires de l'Estat, ou si l'on ne le fait venir à propos par vne ſubtilité expreſſe. L'Auſterité des Saincts, & leurs Martires, les impoſtures, les hereſies, les querelles particulieres, & les combats de quelques gẽtils-hommes n'ont pas auſſi beſoin d'entrer dans ma narration, s'il n'eſt point arriué par leur moyen quelque changement dãs le Royaume. Ie ne dy pas que tout cela ne ſoit digne de memoire, mais ce n'eſt pas dans vn tel liure que le mien qu'il s'en faut ſouuenir. Il eſt permis à chacun d'en parler autre-part, & d'en faire des Lieux communs, des eſſays, des recueils, & des diuerſes leçons, ou de mettre chaque choſe en vn liure à part ſous ſon vray tiltre. Ie n'aprouue pas le deſſein de ceux qui ont rangé tout cela dans les Hiſtoires de France ſelon la ſuite des ans. C'eſt ce qui faict qu'ils interrompent à chaque propos leur Hiſtoire des Roys qui doit eſtre leur premier but, & mettãt diuerſes choſes les vnes ſur les autres, ainſi qu'ils les trouuent, ils empeſchent que l'ordre & la liaiſon ne ſoient dans leurs eſcrits. Vous y verrez meſme vn grand chapitre de Mahomet & de ſa ſecte qui eſt enchaſſé dans le corps de l'Hiſtoire ſans que l'on ſçache pourquoy & ſans qu'il ſoit lié auecque les autres, ny par les pieds ny par la teſte, comme ſi c'eſtoit là des liures où l'on ſe fuſt propoſé de parler à plaiſir ſur toutes ſortes de matieres. Il eſt vray que ſi cela eſt cité mal à propos, cela eſt touſiours digne d'eſtre ſçeu, mais lors que l'on void ailleurs ce beau conte de ces mauuaises gens qui se mirent à danser deuant vne Eglise pendant la Messe de minuict, & qui pour punition danserent au mesme lieu tout le reste de l'ānee, ainsi qu'vn bon Prestre en fit la priere à Dieu; c'est vne fable dont les enfans se moquent, & qui est la plus inutile que l'on pouuoit s'imaginer pour la raconter auec les actions de nos Roys. Il y a bien d'autres choses en de sēblables liures lesquelles n'y seruent qu'en tant que les Autheurs disent qu'elles sont aduenuës en l'ānee qu'ils cottent en la marge, comme s'ils estoient obligez de les mettre à cause de cela, de sorte que ie croy qu'ils pensent faire vn Calendrier historial. Ils rapportent encore tout ce qui est arriué tant en l'Estat de l'Eglise qu'en celuy de l'Empire, mais ie n'ay garde de m'amuser à toutes ces choses. Ie ne parleray ny des Papes ny des Empereurs que lors qu'ils auront quelque chose à desmesler auec nos Roys. Ie n'ay pas entrepris de faire trois Histoires au lieu d'vne. Ie veux que l'on treuue l'Histoire de nostre Monarchie dans mon liure, & pour celle des autres Estats l'on la peut aller chercher dans chaque liure particulier. L'on connoist enfin que ceux qui nous veulent aprendre tant de choses tout à la fois ne nous aprennent rien du tout. L'on ne void en eux que de la confusion, & apres nous auoir entamé vn propos, ils le coupent trop court, & nous laissent moins ſatisfaits qu'auparauāt. D'ailleurs voyez de Serres qui a promis d'illuſtrer ainſi ſon Inuentaire par la conference de l'Egliſe auec l'Empire, n'y fait-il pas vne faute de iugement, puis qu'il n'acomplit pas ce qu'il a entrepris, & qu'il paſſe beaucoup de Papes & d'Empereurs dont il ne parle point ? il valoit mieux n'auoir point vn ſi grand deſſein, & ne ſe propoſer de parler que de ceux qui luy en euſſent donné occaſion. Au reſte à quel propos veut-on raconter les affaires de trois Royaumes dans vne Hiſtoire qui eſt dediee à vn ſeul ? Si ce n'eſt qu'afin de ſçauoir ce qui s'eſt fait tout d'vn tēps, l'on eſt preſque auſſi bien fondé à deſcrire auſſi en meſme lieu l'Hiſtoire d'Afrique, de Perſe & de Tartarie, pour rendre la ſienne vniuerſelle : mais il ne faut parler d'aucune region, ſoit qu'elle ſoit proche ou eſloignee, qu'en tant qu'il y a eu de la guerre ou du commerce entre elle & la noſtre. Il faut renuoyer les choſes qui ne nous touchent point aux Chronologies generales. Apres cela il y a encore beaucoup de choſes qui ſemblent apartenir à l'Hiſtoire de France, leſquelles ie ne mettray point dás la miéne. Ie ne veux point de ces diſcours barbares q̃ les Autheurs ont rapportez mot pour mot, ainſi qu'ils les ont trouuez dás des vieux manuſcrits, i'en tireray la ſubſtance pour en faire des diſcours à noſtre mode. Puis que le langage d'auiourd'huy eſt plus eſloigné de celuy dont l'on vſoit autresfois en France, qu'il n'eſt de l'Italien ou de l'Eſpagnol, ſi l'on ſe contentoit de rapporter en quelques lieux celuy que l'on void aux vieux liures, ce ne ſeroit pas mettre du François auec du François, de ſorte que l'on peut traduire cela hardiment en meilleurs termes, comme vn langage eſtranger. Ie ne me plairay pas auſſi à rapporter les teſtamens des Roys, ou les tranſactions qu'ils ont paſſees auec leurs alliez, y mettant tous les mots de ceremonie & tous les articles; ie ne pardonne cela qu'aux Eſcriuains particuliers, qui ont voulu reciter tout ce qui s'eſt fait de leur temps: mais pour vn Hiſtorien qui veut comprendre l'Hiſtoire generale de plus de ſoixante Roys à quoy cela est-il bon de s'amuser à ces vieilles panchartes ? Neantmoins ceux qui ont escrit l'Histoire fort amplement, ont esté si simples qu'ils ont mis cela les vns apres les autres, de sorte que ie ne sçay pourquoy c'est qu'ils ont escrit, s'ils ont voulu tous faire la mesme chose, & nous donner des liures si semblables qu'on ne profite non plus aux vns qu'aux autres. C'est assez que ces discours ennuyeux qu'ils ont repetez tant de fois soient en leur vray lieu. Il no⁹ suffit de dire succinctement ce qu'vn Roy a laissé à ses heritiers, ou ce qu'il a accordé auec quelque autre Prince. Pour toutes ces controuerses qui sont dãs ces Histoires copieuses, & toutes ces remarques qui s'y font ſur diuers ſujets, ie ne m'y arreſteray pas beaucoup. L'on s'amuſe à diſputer ſur l'inſtitution des pairs, ſur l'vſage des armoiries, & ſur toute ſorte de dignitez. L'on allegue des raiſons d'vne part & d'autre ; mais il vaut mieux les aller chercher dans les liures qui ne sōt faicts que pour cette occaſion. Ie ſçay bien qu'il n'y a ſi petit gentilhomme Champeſtre qui ne croye que s'il y a eu quelque Sergent de Bande qui porte ſon nom dans quelque antienne guerre, l'on eſt obligé de le nommer dans toutes les relations que l'on en faict, afin qu'il treuue l'origine de ſa maiſon dans noſtre Hiſtoire ; & que les Moynes y veulent auſſi treuuer les fondations de leurs Abbayes, & les Praticiens leurs Ordonnances

& leurs Edicts : mais qu'ils ſe debattent là deſſus tant qu'ils voudront : penſent ils que les vrays Hiſtoriens ſoient des Notaires, & qu'ils ſoient obligez de leur donner coppie de leurs tiltres? Qu'ils aillent voir les minuttes aux lieux où elles ſont. Si ie les voulois croire, ie ne ferois rien qui vaille. Pource que la pluſpart de ceux qui ſe ſont meſlez de faire l'Hiſtoire, ont eſté des hommes du Palais, ils ſe ſont arreſtez à des chiquaneries: mais il ne faut affecter en aucun lieu, ce qui n'y eſt pas neceſſaire. Quant à moy qui veux trauailler pour tout le peuple, & non pas pour les fantaiſies de deux ou trois particuliers, ie doy eſcrire les choſes ainſi qu'elles me ſẽbleront veritables apres auoir veu de quel coſté il y a plus de voix, & quelles ſõt les meilleures & les plus fortes. Si ie me rencontre meſme en des endroicts que les Anciens ny les Modernes n'ayent point eſclaircis, ie croiray faire mon deuoir d'y mettre quelque choſe du mien, & ie ſçay bien que les Lecteurs diront qu'ils ſont aſſez contens, pourueu qu'en ces paſſages obſcurs on ne leur dõne point de fables, & qu'ils ne voyẽt que des cõjectures ſubtiles. Ie taſcheray auſſi de faire que ce que ie diray moy ſeul ſoit pluſtoſt creu que ce qu'ont dit ſix ou ſept autres, ſans auoir recours à la conference des Autheurs, d'autant que ſi ie puis i'y mettray tant d'ordre & de vray-ſemblance que la verité s'y fera paroiſtre d'elle-meſme. Ce ne ſeroit iamais fait s'il n'y auoit rien d'asseuré, & s'il faloit tousiours contester, iamais l'on ne sçauroit l'Histoire. D'ailleurs il est impossible parmy toutes ces disputes de rendre vne narration elegante, & de luy donner vne suite agreable. Si les Anciens eussent esté obligez à cela, ils ne nous eussent pas laissé tant de beaux chef-d'œuures. Ils ne disputoient point sur l'origine des dignitez; ils ne s'enqueroient point si vne prouince auoit esté tenuë en souueraineté, ou si ce n'estoit qu'vne Duché qui releuoit de la Couronne. Les Praticiens & les Iurisconsultes n'auoient point encore troublé leur repos, & l'on ne sçauoit ce que c'estoit parmy eux de fief, d'arrierefief, ny de franc aleu, ou bien si l'on le sçauoit, les

Historiens ne s'amusoient pas à en faire de longues definitions, & s'ils ont dit quelque chose qui aproche de cela quand il n'y auroit rien de probable, l'on ne leur en feroit point de reproche, & l'on ne les accuseroit pas de fausseté. La memoire des disputes particulieres est abolie, & comme personne n'y a interest l'on ne songe qu'à tirer du plaisir des belles narrations que l'on nous a laissees. L'on void en cela que si l'on entreprend maintenãt de faire l'Histoire Romaine en François, l'on n'a pas vne tasche si difficile que celle que ie me propose. L'on n'y trouue pas des affaires si scabreuses, & l'on n'a qu'à suiure les Historiens particuliers qui sont desia tous remplis d'elegance, &

qui fourniſſent de harangues & de maximes d'Eſtat, qu'il ne faut que traduire. Pour moy il faut que ie faſſe tout de moy-meſme, & que ie trauaille beaucoup à faire trouuer la verité dans des Autheurs qui n'ont pas eu l'artifice de s'exprimer. D'ailleurs ceux de qui ie parle ne ſont pas comme les Romains ny les Grecs, qui eſtans tous des Philoſophes ou des Orateurs, ne parloient que par ſentences, de ſorte que leur Hiſtoire eſt naturellement agreable, & n'a pas beſoin de tant d'artifice. Quant à ces controuerſes que ie blaſme, encore que ie ne les eſcriue pas, mon trauail en eſt pluſtoſt augmenté qu'amoindry, car il ne faut pas que ie laiſſe de les conſiderer fort attentiuement

ment pour en tirer ce qui est de plus probable. Toutesfois maintenant que i'ay desia reietté tant de choses, il semble peut-estre à ceux qui ne sont pas fort iudicieux, qu'il ne m'en reste plus guere à dire, & que ie n'ay dessein que de faire vn abregé d'Histoire: mais ils se trompent; ie veux faire vne Histoire entiere. Tout ce qui y doit estre y sera, & si les autres font de plus gros volumes, c'est qu'ils les remplissent de fables & d'autres impertinences. Ie croy mesme que si l'on considere mon ouurage, l'on y aprendra pour le moins autant de ce que l'on desire sçauoir que dans tous les autres, car ie feray que les choses vaines n'ocuperont point la place de celles qui seront vtiles. Ie declare que ie n'allongeray point le discours en quelques affaires ou en quelques guerres qui se serōt passees comme beaucoup d'autres que l'on aura desia veuës, & que ie n'amplifieray que les matieres les plus remarquables: mais quelque chose que ie fasse mon liure sera tousiours de telle sorte, que l'on auoüra peut estre que l'ō ne pourroit le rendre plus long ou plus court sans luy oster ses principales beautez & sans corrompre la verité. Quelque esprit bigearre me dira qu'il ayme mieux se seruir de ces Histoires generales que nous auons, & qu'il se plaist à y voir les particularitez que l'on y rapporte; mais quād l'on voudroit auoir vn tel diuertissement, il faudroit que ces liures là fussent mieux ordonnez qu'ils ne ſont, & ie les eſtimerois dauantage ſi c'eſtoient des ſimples traductions de Gregoire de Tours, d'Eginhart & de leur ſuite. Quand l'on me prouuera auſſi d'vn autre coſté que les ſommaires ſont d'vn bon vſage, cela ne ſe doit pas entendre pour ceux que l'on a deſia faits de l'Hiſtoire de France; & apres tout il faudra touſiours conclurre qu'il n'eſt rien qui inſtruiſe tant qu'vne Hiſtoire telle que ie la propoſe, d'autant que l'eſprit n'y ſera point à demy ſatisfait, & que la memoire n'y ſera point auſſi trop chargee. Or la meſme methode que ie garderay en la premiere partie, ſera encore obſeruee dans les autres. Ie ne feray pas comme nos Hiſtoriens qui changent de ſtile à leur volonté, & font des inegalitez merueilleuses. L'Inuentaire de Ian de Serres est bien le plus sot ouurage de tous, & l'on le peut mesme comdamner sans remission quand l'on ne considereroit pas ses mesdisances affectees. Ce liure est fait comme vn monstre qui auroit vne teste de linotte sur le corps d'vn elephant; il n'y a presque rien pour les deux premieres races & pour la meilleure partie de la troisiesme, de sorte que tout cela tient en vn volume, & à peine peut-on faire tenir dans quatre, les actions des cinq ou six derniers Roys qui restent. Les esprits grossiers disent que c'est que l'on ne sçait presque rien des choses anciennes, mais ils verront si ie n'y trouueray pas vne belle matiere pour discourir. Ie ne fein point de dire que l'on en sçait presque autãt que de ce qui s'est passé aux derniers siecles, & i'enten pource qui est des choses principales, car si l'on tire en longueur ce qui s'est fait de nostre temps, c'est que l'on y met des choses trop particulieres. Dans les derniers tomes de Ian de Serres, il y a iusques à des edicts rapportez tout au long, & qui plus est l'on y trouue les relations des procez de quelques personnes priuees, auec quelques accidens arriuez à d'autres. Considerez quel stile pour vn homme qui n'auoit entrepris que de faire vn abregé d'Histoire. Pour moy encore que ie n'escriue point tant de choses superflues, i'auray assez dequoy faire vne Histoire complette, car s'il y a quelques auantures extraordinaires que les bôs Autheurs ayent confirmees, ie ne laisseray pas de les mettre, encore que les incredules les mesprisent, & ie sçay bien que pour donner quelque chose de rare au public, ie feray des recherches en des endroits inconnus à la plus part du monde. Il a semblé de vray que ie me sois plaint tout à cette heure de ce que nos anciens Roys ne nous ont pas laissé quantité d'Apophtegmes, ainsi que les Grecs & les Romains; mais pourueu que l'on mette de la peine à reciter toutes leurs actions, il y en a de si remarquables qu'elles valent bien les paroles des autres. Aussi est-ce par où i'ay commencé que de dire qu'il s'estoit passé dans la

Monarchie Françoise des auantures dignes d'estre recitees & d'estre ouyes, & ie soustien encore que quand l'on les sçait, l'on ne peut rien trouuer de nouueau dãs tous les autres Estats, & l'on n'entend parler d'aucun accident de qui l'on n'ayt veu quelques exemples. Si l'on n'y a point pris garde iusqu'à cette heure, c'est que nos Autheurs ont enseuely les plus belles choses parmy leurs niaiseries, & ont donné d'abord de mauuaises impressions à tous les Lecteurs. C'est ce qui me faict croire que si les Historiens Romains ont cet auantage au dessus des François de trouuer leur suiect accompagné de tous ses ornemens, l'on peut reparer ce deffaut par vne industrie singuliere. Il faut tout arranger auec vne telle disposition, qu'il n'y ayt rien qui n'esclatte, de mesme que les couleurs plaisent à la veuë selon les lieux que le Peintre leur a donnez. L'on croira par ce moyen que ce sera vne Histoire toute nouuelle; & l'on aura de la peine à s'imaginer que ce soit la mesme chose qui est escrite par les autres. L'on ne sçauroit nier que nos premiers Roys ne tinssent de la barbarie des Allemands leurs ancestres, mais la vertu des derniers peut effacer cette tasche en quelque sorte, & d'ailleurs ces anciés Princes n'ont pas tousiours esté si esloignez de la grace de Dieu qu'ils n'ayent fait quelque bonne action. Quoy qu'il en soit il ne faut pas faire comme ces malheureux Escriuains qui taschent de les faire les plus meschans qu'il est possible. L'Historien doit plustost estre porté au bien qu'au mal, & quoy qu'il soit obligé de declarer les mauuaises qualitez des Princes sans deguisement, si est-ce qu'il doit prendre plus de plaisir à raconter les bonnes, pour ce qu'elles nous seruent d'exemple, & quand mesme il donneroit de grandes loüanges à de petites vertus, il ne sera point repris pourueu qu'il n'en donne point aussi à des vices. Nos Historiens ont bien monstré leur indiscretion en blasmant la plus part de nos Roys; car ils ne sçauent la plus-part du temps ce qu'ils veulent dire. Il y en a vn qui apres auoir dit que Clouis estoit vn homme vindicatif & ſanguinaire, & qu'il auoit fait mourir tous ſes parens ſans occaſion, met en ſuitte qu'il merita d'eſtre eſtimé ſainct. Il faloit qu'il le fiſt bon ou meſchant tout à faict afin que l'on cruſt qu'il parloit auec iugement. Vn autre voulant mõſtrer que Dagobert eſtoit vn homme laſche ne ſçait rien dire contre luy, ſinon qu'il s'amuſoit à entretenir des femmes, ou bien qu'il ſe tenoit ſouuent au Monſtier à dire ſes heures. Cela vient de noſtre Hiſtorien huguenot, & ie ne ſçay comment l'on à pû ſouffrir ſa meſchanceté, voyãt qu'il a crû que les prieres de ce Roy fuſſent de mauuaiſes actions. Il y en a encore d'autres qui tiennent Clouis II. pour vn abominable Prince, à cauſe qu'il oſta quelques reliques de l'Eglise saint Denys, pour les mettre en vne autre; & ils se fondent sur Aymoinus qui est si superstitieux qu'il dit qu'il fit cela à l'instigation du Diable. Ils sont extrememēt iniustes de blasmer ce Roy pour si peu de chose, & mesme ils se contredisent; car s'ils ont asseuré que sainct Hilaire se portoit partie contre le Roy Dagobert, & le vouloit faire mener en enfer par les Diables, à cause qu'il auoit pris ses reliques & celles de plusieurs autres Saincts, pour honorer vne seule Eglise qu'il auoit faict bastir, pourquoy ne trouuent-ils pas à propos que son fils fasse vn meilleur partage, & qu'il rende quelques reliques aux Eglises qui n'en ont plus. Ils s'imaginent encore qu'vn certain

Euesque eut en reuelation que Charles Martel estoit damné, mais cela fut inuenté apres sa mort, suyuant la passion de quelques Ecclesiastiques, de qui l'ame n'estoit pas si nette qu'elle deuoit estre. Ie ne puis souffrir aussi l'impertinence de ceux qui deuant que de parler de Clouis second, & de ses successeurs mettent en tiltre, Roys *fayneants*. Ils veulent faire imaginer que ces Roys estoiét les plus sots & les plus stupides du monde, pource que l'on ne racôte guere de chose d'eux : mais veulét ils dire que Chilperic premier soit plus loüable, & qu'il n'a pas esté fayneant, à cause qu'il a faict la guerre à ses freres, & qu'il a faict mourir beaucoup d'innocés? l'humeur pacifique des vns, vaut-elle pas mieux que la cruauté des autres ? Il est vray qu'ils n'ont commandé dans aucune guerre : mais l'occasion ne s'en offroit possible pas, & puis estant faicts Roys la plus-part sous l'autorité de leurs Maires, ils ne pouuoient rien executer d'eux-mesmes. I'acorde biẽ toutesfois qu'ils estoient blasmables de ne prendre aucune connoissance de leurs affaires, mais ce n'est pas à dire qu'il faille tascher de rendre nostre Histoire ridicule, & se seruir de ce vieux quolibet, de fayneant le mettant en lettres capitales comme par ostétation. Il se peut faire que ces derniers Roys auoient aussi bon esprit que les autres, quoy qu'ils n'en donnassent point de marques; Et c'est encore vne sottise de peintre iointe à celle de l'Escriuain de les represéter comme de gros stupides, auec vne mine niaise & des habits de paysã. Mais quãd i'y sõge, tous ces portraicts des Roys que l'on met dans les Histoires, ne sont que pour les embellir & pour les mieux vendre, & par ce moyen l'on trompe le peuple, puis qu'il ny en a point qui ne soient faits à plaisir. Nous n'auons guere d'autres portraits veritables que ceux des Roys de la troisiesme race. Ceux de la premiere & de la seconde sont tous feints, excepté peut-estre quelques-vns dont l'on trouue les originaux dans quelques cabinets, ou que l'on a faits sur quelques medailles, ou sur les statues des tombeaux, & encore cela n'est-il guere certain. L'on void auſſi que des ignorans les ont accommodez d'vne eſtrange ſorte, & qu'ils leur donnent à tous les habits les plus differends & les plus fantaſques qu'ils ont pu s'imaginer. Il y en a meſme qui portent des turbans, quoy que l'on n'ayt point trouué par aucuns veſtiges anciens que les François ſe ſoient iamais ſeruis de cette coiffure. Pour moy i'aurois beaucoup de peine à me reſoudre à laiſſer mettre tant d'images dans mon Hiſtoire ſi elles n'auoient quelque choſe d'aſſeuré. Le plaiſir eſt outre cela que celles que l'on a inuentees portent quelquefois barbe, bien que les Roys pour qui elles ſont faites, ſoient morts trop ieunes pour en auoir eu vne ſi longue; & il faut croire que ceux qui les ont faites ont esté de l'humeur de ces aprentifs Comediens qui donnent de grandes barbes blanches à tous les Roys qui paroissent sur le theatre, comme s'il n'y auoit iamais au monde que de vieux Roys, ou si l'autorité ne se pouuoit representer que par l'abõdãce de poil. Il y en a d'autres qui par vne sottise differẽte en ont peint quelques vns comme de ieunes garçons, quoy qu'ils fussent desia hommes faits, lors qu'ils sont venus à la Couronne: mais c'est à cause qu'ils sont morts peu de temps apres, & l'on n'a pas consideré qu'ils ne pouuoient desia plus estre appellez ieunes, lors qu'ils auoient perdu leur pere. A propos de ces images & de ces noms de Roys que l'on l'on met en tiltre, il faut que ie declare, que si i'en mets de l'vn ou de l'autre dans mon liure, ie n'enten pas que cela interrompe mon discours Cela n'est que pour la commodité du Lecteur, & pour luy apprẽdre de qui c'est que ie vay parler. Ie ne veux point que la section depende du tiltre, & si i'escry le nõ d'vn Roy en teste, & en suite ces mots par exẽple. *Il laissa trois enfans*, cela ne s'entend pas de celuy dõt le nõ est escrit en lettres Capitales mais de celui de qui ie parle en ma derniere periode; & ie serois si fasché de voir que l'on ne comprist pas bien mõ sens, que i'ay eu presque enuie de mettre les noms de ces Roys à la marge, pour ne point couper ma narration. I'ay si peu de desir de faire des Chapitres comme les autres, que mesme ie ne diuiseray toute mon Histoire qu'en quatre parties. La premiere parlera des Merouingiés, la secóde des Carlées, la troisiesme sera pour la race de Hues Capet dont la moitié demeurera pour la quatriesme qui doit commencer à la branche de Philippes de Valois. Au reste pour ces noms de Roys que l'on met d'ordinaire au dessus des Sections, ie tascheray d'y garder vn meilleur ordre que celuy que l'ó a tousiours obserué. S'il y a eu plusieurs Roys en France en mesme temps, ie ne me contenteray pas de mettre le nom de celuy qui a esté Roy de Paris. Les Autheurs vulgaires s'imaginent que cettuy-là estoit le vray Roy, & que les autres ne l'estoient pas ; mais c'est vne absurdité visible. Les enfans de Clouis estoient tous quatre Roys de France, & il en est ainsi de leurs successeurs. L'vn estoit Roy de Frãce à Mets, l'autre estoit Roy de France à Soissons & ainsi du reste. C'estoit selon la coustume que les Allemands obseruent encore iusques dans les moindres Seigneuries. Tous les fils d'vn Cõte se disent Comtes, & portent pour tiltre le nom de quelque petit heritage qui leur est laissé & sõt Comtes en vn tel lieu. Si c'eust esté quelque grand auantage d'estre Roy de Paris, & si celuy qui l'estoit eust tenu les autres comme ses vassaux, c'eust esté l'aisné qui eust voulu auoir cette Royauté; mais l'on à veu que les puisnez l'ont presque tousiours euë; & si l'on dit qu'ils la tenoient par force, l'on verroit donc dans l'Histoire quelque plainte sur ce suiet, ce qui ne se remarque en aucune façon, quoy que ceux qui regnoient autre part qu'à Paris, fussent souuent les plus forts, & eussent beaucoup de moyen de soustenir leurs querelles. Que s'il se faisoit des guerres entre ces freres, c'estoit par leur auarice naturelle, & non pas pour obtenir quelque droict qui leur fust adiugé. Aussi pour qu'elle raison eust-on tasché d'auoir la ville de Paris sur toutes autres, veu qu'il est trescertain qu'elle n'estoit pas alors plus grande que l'Isle du Palais, & celle de nostre Dame, & il y auoit seulement quelque faux-bourg sur le bord de la Seine. Les autres villes Capitales des Prouinces, estoient desia paruenuës à vne grandeur plus eminente, & l'on les trouuoit plus fortes & plus riches. Il est vray que Clouis auoit estably son trosne à Paris, mais tous les Roys n'y ont pas tousiours demeuré depuis ce temps-là, & quant cela seroit, la souueraineté ne depend pas de cette habitation qui est volontaire, & puis lors que Paris n'a esté à personne quand Chilperic, Gõtrã, & Sigibert, le mirent hors de leur partage, pource qu'ils le vouloiẽt auoir chacun, il n'y auroit donc point eu de vray Roy. Mais si l'on me represente aussi qu'ils monstroient bien là l'estime qu'ils faisoient de cette ville, ie respondray qu'il n'estoit question de partager que l'heritage de Cherebert dont l'on aduoüe qu'elle estoit vne des meilleures pieces. Ie ne sçay si ceux qui apellent seulement Roy de France celuy qui tenoit Paris, le font à cause que le puis d'alentour qu'il possedoit, est ce que l'on appelle vrayement la France, ainsi que toutes les autres prouinces ont leur nom particulier: mais en ce temps-là l'vsage n'auoit pas encore donné ce nom particulier, à ce qui est entre la riuiere d'Oise & celle de Seine. C'estoit vn nom general pour tout ce que tenoient les François ainsi qu'il est encore à cette heure, tellement que l'on n'auroit point de raison de se seruir d'vne si mauuaise finesse. Apres tout cela si l'on est encore en doute l'on n'a qu'à consulter Gregoire de Tours qui dit que les enfans de Clouis partagerent le Royaume *æqua lance*, c'est adire en portions esgales, & si l'on est d'vne contraire opinion pour conseruer la gloire de l'Estat & pour faire croire qu'il à tousiours esté gouuerné d'vne mesme sorte, il faut considerer que lors que les freres estoient en bon accord le Royaume estoit tousiours gouuerné par de mesmes Loix cõme dans vne vraye monarchie, & puis à la fin toutes les portiõs sont tousiours retournees à vn seul. Mais ie ne sçay pourquoy le vulgaire trouue si estrange que deux ou trois Princes gouuernent ensemble vn Estat. Cela ne s'est-il pas veu dans l'Empire Romain, où deux freres ont porté mesme tiltre d'Empereur, & ie ne dy pas depuis Constantin, car l'Empire fut diuisé apres luy, & il y eut l'Orien. tal & l'Occidental; ie dy lors que les plus belles parties de la terre auoient accoustumé d'obeyr à vn seul homme. Toutefois ie ne me sers de cette comparaison qu'en ce qui est du pouuoir que ces Princes auoient sur leurs sujects lors qu'ils estoient Empereurs, car pour le reste il n'y a point de rapport, d'autant qu'ils estoient venus à leur dignité par eslection, & que ce n'estoit pas vn heritage pour leurs enfans. Le Royaume de France n'est pas de la sorte, & si l'on considere commét il a esté partagé, & que les peres en pouuoiét disposer cóme ils vouloiét au profit de leurs enfans, ou de leurs neueux, l'on trouuera le moyẽ de refuter l'erreur de ceux qui croyẽt que les Roys estoiẽt electifs dans les deux premieres races. S'ils l'eussent esté le peuple n'eust pas souffert comme il a tousiours faict, qu'ils disposassent de la Royauté, ainsi que de leur patrimoine. Ie sçay de verité que ce seroit vne opiniastreté trop grande de soustenir que pas vn Roy n'a esté esleu. Il a bien falu que le premier l'ayt esté, & ce n'est pas de luy que l'on est en dispute: mais pour Pepin & Hues Capet, s'ils l'ont esté pareillement, çà esté par des accidens extraordinaires sur lesquels il ne faut point se fonder. Quand l'on ne sçauroit autre chose sinon que depuis ces derniers les plus proches ont tousiours esté appellez à la Couronne, ce ſeroit vn teſmoignage fort puiſſant contre ceux qui croyent que nos Roys peuuent eſtre eſleus; mais dauantage nous voyons que les Merouingiens & les Carlees ont tous ſuccedé les vns aux autres, & puis l'on dit que Pepin & Hues Capet ne furent pas veritablement eſleus Roys, mais qu'ils furent confirmez en cette dignité lors qu'ils ſe l'eurent attribuee. Il me ſemble que beaucoup de perſonnes ſe ſont rompu la teſte à faire des conſiderations ſur ce ſuiect, mais quant à moy la plus grande fineſſe que i'y voye, c'eſt qu'en effect il faut auoüer qu'encore que nos Roys ne fuſſent pas pris autrefois par eſlection, ſi eſt-ce que l'Eſtat n'eſtoit pas ſi bien ordonné qu'il eſt maintenant, & l'eſlection n'eſt pas plus dangereuſe que la diuiſion dont on vſoit, puis qu'elle eſtoit cauſe d'vne infinité de guerres, & que les baſtards & les puiſnez auoient ſouuent la meilleure part, tellement qu'il n'eſt pas à propos de chercher des exemples dans cette antiquité pour monſtrer de quelle ſorte il faut que l'õ ſe gouuerne. Les loix ſe ſont changees auecque le tẽps, & ſi ce n'eſt entierement, c'eſt en partie, mais il ne faut pas neantmoins que les ennemis de l'Eſtat en penſent tirer quelque aduantage, car ce que l'on obſerue auiourd'huy eſt aſſez ancien pour eſtre authoriſé. Or ie ne veux pas laiſſer de parler encore des partages des freres, afin d'aduertir les Lecteurs que ſi l'on à crû qu'il n'y en euſt qu'vn ſeul qui fuſt Roy de France, ainſi que penſe teſmoigner vn de nos Autheurs qui n'appelle point Gontran autrement que le premier Prince du ſang, cet abus a eſté introduit pour rendre les Hiſtoires plus faciles, n'y ayant qu'vn nõ à cotter au lieu de trois ou de quatre. Mais pour moy i'en veux mettre encore plus que ceux qui ont commencé de reformer les autres. Ils ne nomment pour Roys que Thierry, Clodomir, Childebert, & Clotaire, & neantmoins Theodebert & Thibaud ont eſté Roys de France auſſi bien que Thierry leur Pere. Ie ne les veux pas oublier en leur ordre non plus que tous les autres qui ont marché en ſemblable rang. Ie ne priſe pas ces Chronologies où l'ó ne les nomme point pour auoir pluſtoſt fait, ny ces cartes auſſi ou l'on void ſeulement le portraict du Roy de Paris. Elles ne ſont pas moins à reprendre, puis que l'on auroit autant de raiſon d'y mettre le portraict des autres Roys. Il y a encore icy vn autre inconuenient, c'eſt que ſuyuant cette erreur tout le monde s'abuſe au nombre de nos Roys. L'on n'en compte guere plus de ſoixante, pour ce que l'on ne parle point de tous ceux qui ont regné ailleurs qu'à Paris. Il faut bien groſſir le nombre ſi l'on me veut croire, & ceux-là ont fort peu de conſideration qui apres auoir nômé Cherebert, Chilperic, Gontran, Sigebert, appellent tout cela,

Roy huictiesme, il faudroit plustost dire, *regne*. Mais d'autant que cela seroit difficile à regler, & qu'il y a de la difference entre le regne d'vn seul & celuy de plusieurs, i'aymerois mieux faire quelque distinction de Royauté, & prendre garde que la Monarchie n'a iamais esté en son vray lustre que lors que le fils aisné a eu la couronne tout seul, ainsi que l'on a quelquefois pratiqué en la seconde race, & côme l'on a entieremét resolu en la derniere, de sorte que c'est cela qui fait que l'on ne compte pas facilement les premiers Roys. Apres les auoir donc mis à part, si ie ne me voulois point donner la peine de supputer tous les regnes ensemble, ie compterois seulement que le

Roy qui regne auiourd'huy est le vingt-neufiesme de la race des Capets. Neantmoins si ie mets vn iour le Catalogue de nos Roys au commencement ou à la fin de mon liure, i'y garderay tout l'ordre que l'on pourra desirer. Quãt aux vsurpateurs de la Couronne, il faut biẽ se garder de les mettre au rang des Roys, & d'en augmẽter le nombre par leur moyen, s'il est ainsi que iamais ils n'ayent esté reconnus pour Princes legitimes. Pource qui est du nombre que l'on tire des noms, ie suis bien content de suiure l'ancienne obseruation. Il y en a qui veulent que nostre Roy soit plustost Louys quinziesme que treiziesme, pource disent-ils, que *Clouis* est le mesme nom que *Louys*, & qu'il y a deux Clouis en la premiere race. Ils nous veulent prouuer que les premiers François prononçoient vne L. aussi asprement que s'il y eust eu vn C. deuant, mais n'est-il pas certain que les noms ne sõt reiglez que par la parole? & si en vn temps l'on a dit *Clouis*, & en vn autre temps *Louys*, cela ne fait-il pas deux noms diuers, & aurions nous raison de n'en vouloir plus faire qu'vn, si mesme l'on les a distinguez en leur siecle? Ie suis d'vne mesme opinion pour le mot de *Lothaire*, que l'on pretend estre la mesme chose que, *Clothaire*. Quelque finesse que l'on y troue, il y a tousiours vne difference sensible, & l'on ne se doit point fascher de la trouuer, puis que cela ayde beaucoup à la memoire, & que

& que l'ō retiēnt plustost la suitte des Roys, lors qu'ils sōt appellez diuersemēt, que lors qu'ils ont des nōs tous semblables qui nous apportent de la cōfusion. Ie laisse les vaines subtilitez aux esprits oysifs & pointilleux, & quant à ce qui est de tous les autres noms qui sont dans l'Histoire, ie me suis tousiours attaché à l'vsage, excepté pour ceux que l'erreur a corrompus, car si en les tirant des liures Latins l'on les a mal traduits, ie ne veux pas faire de mesme. Pour Egidius Capitaine Romain ie ne trouue point à propos de l'appeller Gillon ny Gilles : iamais il ne fut appellé ainsi de son temps. Il ne faut pas accommoder son nō de telle sorte, que l'on ne voye plus de quelle nation il est sorty.

Il n'eſt pas mal à propos de parler icy d'vne obſeruation touchant les dattes. Ie treuue que c'eſt vne choſe mal-plaiſante de dire à chaque action, *Cela eſt arriué vne telle annee & vn tel mois*; Ie ne veux mettre que la datte du regne des ROIS, & ceux qui ſeront ſi curieux que de vouloir apprendre en quelle année ils viuoient, le pourront faire en mettāt tous les nombres enſemble, ou bien ils attendront que i'aye fait vne table Chronologique. Ie mettray auſſi en quelques lieux combien les Princes ont paſſé d'ās auec vn meſme deſſein, ou auec vne certaine façon de viure, & combiē ils en ont employé à quelque guerre, de ſorte que par cet artifice ie pourray monſtrer en quel temps elle fut commencee & finie ſans eſtre beaucoup ennuyeux. Ie ne veux pas faire cóme d'autres qui auec toutes leurs dattes dont chaque page eſt chargee, laiſſent vne confuſion inſupportable en leur Hiſtoire. Lors qu'ils ont monſtré comment vn Roy mourut, & lors qu'ils doiuent paſſer à vn autre, ils racontent encore pluſieurs actiós de ſa vie, ce qui ſe fait auec fort peu de raiſon, car ils pouuoient mettre cela en ſon propre lieu. Quelquefois apres auoir parlé dans vn chapitre d'vn Prince qui eſtoit encore au berceau, ils mettront au chapitre ſuiuant que ſon fils portoit les armes en quelque guerre, nõ ſeulemẽt sãs no⁹ auoir apris que le pere ayt eſté marié, mais auſſi ſans nous auoir dit qu'il ſe ſoit paſſé aſſez de temps pour le rendre homme parfait. Ie ne puis souffrir que l'on fasse vn si estrange sault, car si l'on ne veut point particulariser toute sa vie, l'on peut mettre en trois lignes, qu'ayant passé sa ieunesse paisiblemét, il se maria à quelque Princesse dốt il eut vn fils qui ne tarda guere à monstrer sa generosité. Il y a d'autres lieux où l'Auteur parlant de plusieurs affaires, y met tant de desordre, que la derniere qui a esté expediée est souuent mise la premiere, quoy qu'il ayt desia tesmoigné de vouloir commencer l'autre, de sorte qu'il faut acheuer apres celle qui deuoit aller deuất, & les Lecteurs ont de la peine à y treuuer vne bonne Chronologie. C'est vne faute des plus signalées que l'on puisse remarquer; mais à cauſe que ie ne la puis pas bien representer icy, il la faut voir aux endroicts où l'on la faite. Elle eſt generale pour tous ceux qui ne ſçauent pas que dans vne Hiſtoire où l'on comprend beaucoup de choſes il faut le plus ſouuent raconter vne affaire tout à la fois, & que ſi le commencement eſt arriué en vn temps fort eſloigné, l'on le peut approcher de ce qui eſt le plus important. Nos Autheurs n'ayans aucun artifice commettent encore beaucoup de fautes differentes. Ils ne ſçauroient raconter les actions d'aucun Prince qu'ils ne raportent auſſi celles de quelque autre qui à veſcu depuis, comme pour les mettre en comparaiſon l'vn auec l'autre, & pour donner quelquefois de l'authorité à ce qu'ils proposent. Ie n'ay pas enuie de pecher ainsi cõtre les loix de l'Histoire qui veulent que les choses se descouurent petit à petit selon le temps qu'elles sont arriuées. I'ay monstré ce qu'il faut escrire & quel ordre il y faut obseruer, si bien qu'il ne me reste plus à cette heure que de parler des embellissemens qui consistent aux Harangues & à quelques discours plus familiers. Si nos Autheurs en ont mis, ç'a esté sans aucune bien-seance, & ils n'ont rien moins persuadé que ce qu'ils vouloient persuader. Mais pour moy lors que i'en voudray mettre ie prendray garde mesme qu'il n'y ayt rien de trop lõg, afin de ne point faire le declamateur, & outre cela ie n'escriray riẽ qui ne soit pris de la verité de l'Histoire. D'ailleurs pour les Harangues ie ne les feray dire qu'à des personnes que l'on en iuge capables. Clouis & quelque autre grand Roy pourrōt bien aussi animer leurs hōmes de guerre par vne petite remōstrāce, & Fredegōde méme le pourra faire cōme estant femme auisee, qui dans l'armee où elle se trouuoit, deuoit plustost combattre de la langue que des mains. Les Capitaines barbares n'esmeuuét leurs soldats que par des heurlemés ou par quelque parole brutale, si ce n'est que par hazard il s'en trouue quelqu'vn plus ciuilisé que les autres. Pour ce qui est du lāgage entier de mō Histoire, ie le rēdray le plus poly & le plus agreable qu'il me sera possible. Toutesfois il ne ſe faut pas imaginer que i'aye enuie d'y donner de ces poinctes & de ces penſees que l'on met auiourd'huy dans les lettres & dans les ſonnets. Ie meſpriſe ces affeteries dont i'ay des volumes tous pleins. La beauté du langage d'vn HIſtorié cõſiſte en la force de mots, & en la naifue ſignificatiõ, &s'il veut auoir des pointes, il faut que ce ſoient autant de maximes d'Eſtat. Ce ſera par leur moyẽ que ie declareray quelquefois en bref les motifs de beaucoup de guerres & d'autres affaires que nos HIſtoriẽs ne nous ont racõtees qu'à demy; & ſi l'on trouue eſtrange que ie faſſe des coniectures d'vne choſe ſi eſloignee, il faut conſiderer qu'elles ne ſont pas de beaucoup plus difficiles auiourd'huy qu'elles eſtoient dans le ſiecle meſme où les accidens dont ie parleray ſe ſont paſſez, puis que la pluſpart des Princes cachent ſi ſubtillement leurs intẽtions, qu'il faut touſiours deuiner pour les deſcouurir; & au reſte ie n'auray point d'opinion que ie ne fonde ſur des apparences tres-certaines. Il eſt vray que l'on n'eſt pas obligé d'vſer de cette ſcience politique, ſi ceux de qui l'on parle ne l'ont point euë, mais il n'eſt point deffendu d'auoir quelquefois les conſiderations qu'ils n'auoiẽt pas, pourueu qu'elles ſemblent naiſtre dans le ſujet. Ie taſcheray donc d'en mettre par tout, non point par allegation, car elles ſembleroient inutiles, & ce ſeroit interrompre le fil de l'Hiſtoire. Ie les gliſſeray inſenſiblement & les rendray comme vne partie de mon diſcours. Que ſi ie mets quelques bonnes choſes qui ſe trouuent deſia dans les autres Autheurs, & qui ne ſoient pas nouuelles; elles ne ſerōt donc pas en grande quantité, & il ne me faut pas reprocher que ie les aye deſrobees. L'on verra que cela eſt de l'eſſence de l'Hiſtoire qui faict naiſtre quelque pertinente raiſon qui ne ſe peut changer, & que les moindres eſprits ont pû auoir malgré la foibleſſe de leur nature; mais ie me promets bien encore d'arrãger cela autrement qu'il n'aura eſté, & de le deſguiſer tellement, que l'on pourra dire qu'il m'appartiendra en propre. Pour ce qui eſt des endroits qui n'auront qu'vne narration ſimple, où les ornemens ſeroient ſuperflux & vicieux, ie feray au moins que les mots y ſeront auſſi bien choiſis qu'autre part, & qu'il ny en aura pas vn qui ne ſoit purement François. Ie prendray garde meſme que ceux qui rendent vn mauuais ſon eſtans accouplez, ſoient placez aſſez loin l'vn de l'autre, & que mes periodes ayent toute la meſure que ie leur pourray donner. Ie chercheray ainſi beaucoup de graces que l'on n'a point encore rencontrées dans les Hiſtoires de France, ny dans les eſtrangeres que l'on a renduës Françoiſes: mais ie ne ſçaurois particulariſer toutes les autres obſeruations, car elles ſeront en auſſi grand nombre que les diuerſes occurrences qui s'y pourrōt treuuer. Ie me contente d'auoir monſtré les plus neceſſaires, & ie croy que ſi ie les obſerue toutes, il y en aura aſſez pour authoriſer mon deſſein, & rendre mon liure agreable aux eſtrangers comme aux François, & à ceux qui aymēt le plaiſir cōme à ceux qui aimēt l'eſtude. Ie ne doute pas neātmoins qu'autre q̄ moy ne puiſſe compoſer cette Hiſtoire qui nous doit ſeruir au lieu de celles qui l'ont precedee: Mais il eſt vray que ſi mon exemple eſt aſſez puiſſant pour reſueiller quelque autre Hiſtorié, il ne me ſçauroit faire beaucoup de tort, car s'il veut mettre les narrations en leur vray ordre il faudra qu'il ſuiue ce que i'auray deſia fait, & il m'aura l'obligatió d'auoir desfriché vn lieu si espineux. Pource qui est des raisons & des sentimens ie ne sçay s'il en pourra auoir de tels qu'il les faut en changeant les miens, puisque la verité ne se peut pas dire de deux façons, & quand aux paroles l'on verra si elles seront meilleures que les miennes lors que i'auray vsé des plus naturelles que i'auray pû treuuer; & enfin l'ó iugera si apres mó ouurage l'on aura besoin de celuy d'vn autre. Tout ce que l'on peut dire là dessus, c'est qu'il est fort malaisé de mettre l'Histoire en l'estat où ie la desire. C'est vn rompemét de teste perpetuel que de faire des recherches dás ces gros volumes qui nous seruent de fondement, & l'esprit est fort trauaillé de tant de diuerses relations qu'il faut retenir pour en choisir les plus veritables, & puis apres tout cela l'ō a beaucoup de peine à embellir ce qui ne le fut iamais; mais aussi ie quitteray toute autre occupation pour celle-là, & i'employray bien des iours & des nuicts à ne parler qu'à mes liures. Ie ne dy point le temps que i'ay mis à ce que i'ay desia faict, ny celuy que ie croy employer à ce qui me reste; ie declare seulement que ie ne pense pas que l'esprit le plus vif que nous ayōs ayt assez de dix ans pour en venir à bout. Ie ne sçay si l'on me dira qu'il n'est pas croyable que ie puisse durer dans vn si long trauail, mais ie m'asseure que ie le trouueray extremement doux quand ie considereray combien il ſera glorieux, & qu'apres les œuures ſainctes il n'y en a point de ſi belle ny de ſi vtile en France que celle où ie me veux appliquer. Toutesfois ie ne cele point que quelque ſoin que ie me donne, à peine peut-on eſperer que i'execute tant de rares choſes que i'ay promiſes, mais puis que Dieu m'a fait la grace de les auoir en la penſee, ie croy que ce n'eſt pas en vain, & que m'ayant donné le courage de commencer vne entrepriſe ſi genereuſe, il me donnera aſſez de force pour la continuer, & me pourra faire accomplir vne Hiſtoire qui meritera d'eſtre gardee, afin que l'on voye combien ſa prouidence a paru dans les accidens paſſez, & combien il a touſiours fauorisé nos Roys, & pour dire tout en vn mot, afin que cela reussisse au bien commun de tout le peuple.

FIN.

www.ingramcontent.com/pod-product-compliance
Ingram Content Group UK Ltd.
Pitfield, Milton Keynes, MK11 3LW, UK
UKHW020121200726
13856UKWH00002B/665